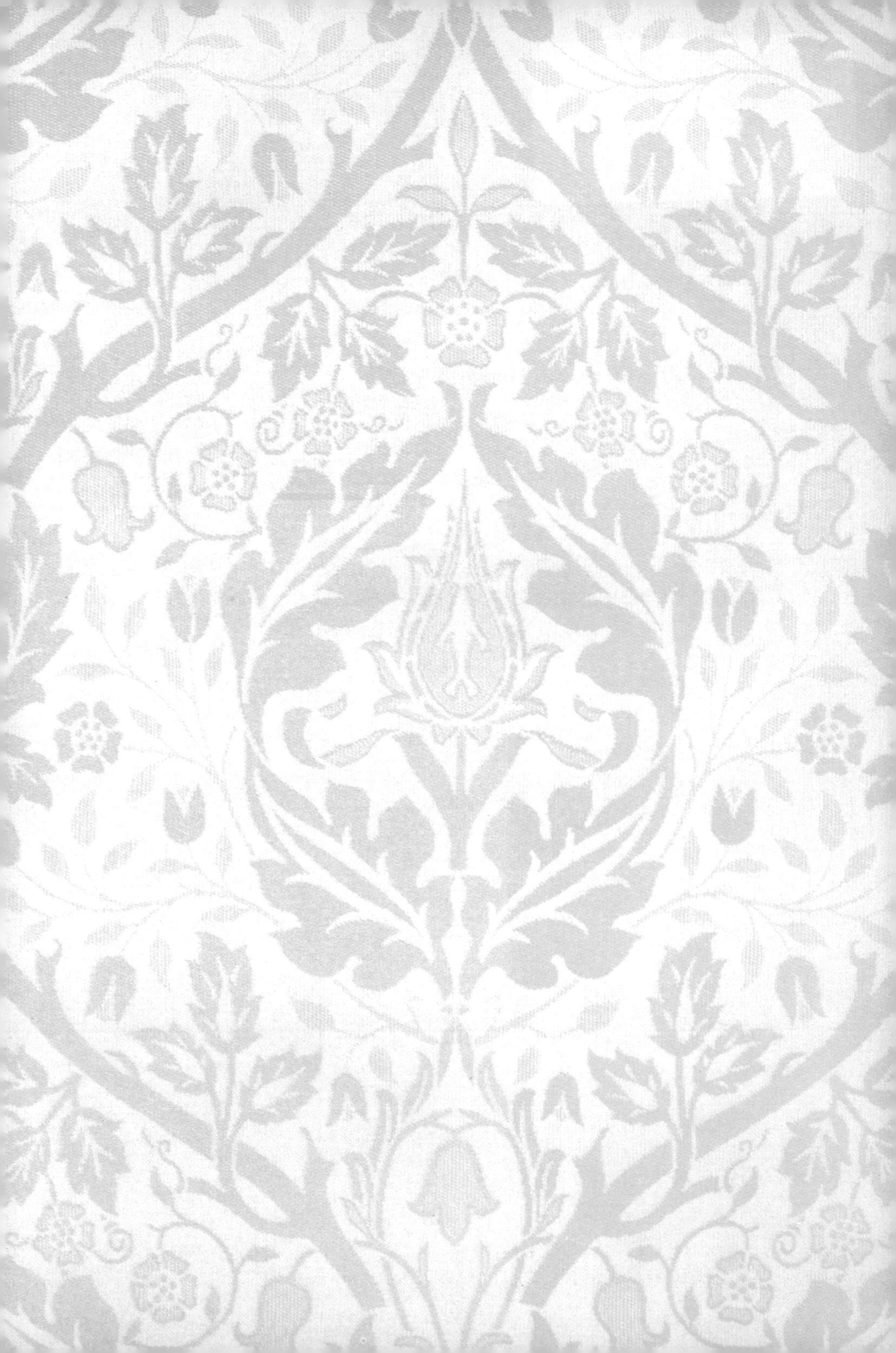

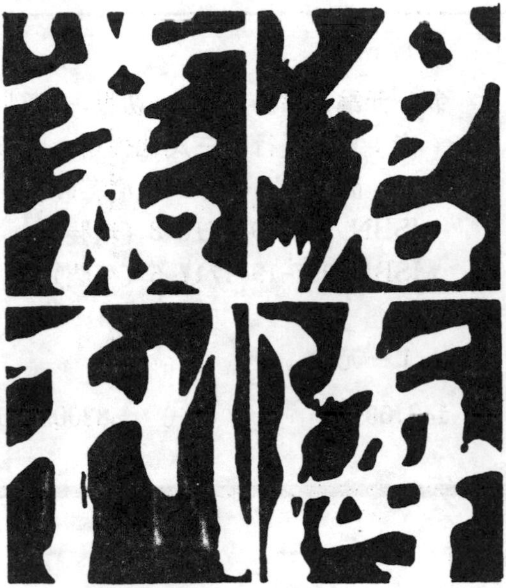

新一元論

呂佛庭 著

東大圖書公司印行

國立中央圖書館出版品預行編目資料

新一元論／呂佛庭著.--初版.--臺北
市：東大發行：三民總經銷，民83
面；　　公分.--(滄海叢刊)
ISBN 957-19-1716-8（精裝）
ISBN 957-19-1717-6（平裝）

1.一元論

143.63　　　　　　83009610

著作人　呂佛庭
發行人　劉仲文
著作財產權人　東大圖書股份有限公司
臺北市復興北路三八六號
發行所　東大圖書股份有限公司
地　址／臺北市復興北路三八六號
郵　撥／〇一〇七一七五——〇號
印刷所　東大圖書股份有限公司
總經銷　三民書局股份有限公司
門市部　復北店／臺北市復興北路三八六號
重南店／臺北市重慶南路一段六十一號
初　版　中華民國八十三年十二月
編　號　E 14054
基本定價　叁元壹角壹分
行政院新聞局登記證局版臺業字第〇一九七號

ISBN 957-19-1717-6（平裝）

呂著新一元論序

梁寒操

宇宙萬有一元多元之辯，由來已久，如依萬殊歸於一本之義，則一本者，在窮極其究竟；萬殊者，在深察其存在；亦卽探究絕待與對待之所由同異也。絕待為不可名，對待為如是說。而其可名不可名，是說如是說，又因人類智慧領域而為之假設與共喻。究其本體之不一不二，固理所當然也。然此種推論，類多涉於宇宙本體而立言。今拜讀呂佛庭先生近著新一元論，為證一元精義不僅以理說理，更以事喻理，合體用一元，理事一元而為之立說。引申奧義，例證萬有，使一元之本體納理事於圓融。捨彼空疏，裨茲實用，是作者之苦心慧眼為不可及，因得快睹，用申所感。

自序

人類一方面是「萬物之靈」，一方面也是最野蠻、最殘暴、最愚蠢的怪物。人類發明醫藥，製作曆法，製作衣服，建築房屋，製造舟車，尤其是近代發明電器、電影以及電腦等，對於改善人類的生活，增進人類的福祉，的確有莫大的貢獻，值得自信、炫耀、驕傲。然而另一方面人類製造鎗刀、火藥、毒氣、原子彈、氫彈、火箭以及死光等殺傷力最強的利器，專用在殘殺同類，則「人為萬物之靈」的皇冠就應摘下，換上一頂「人為萬物最愚蠢」的黑冠了。

人類的行為在生物中是最複雜而微妙的。所有世界上一切文化都是人類所造成，而一切穢污殘暴的罪惡，也都是人類所演出。荀子說：「今人之性，生而有好利焉，順是故爭奪生而辭讓亡焉。」又說：「爭則亂，亂則窮。」人類所爭者是什麼呢？大者爭土地、人民、權位，小者爭財物、虛榮、顏面。其實所爭的都是「數」的概念。野心家們為爭空洞的「數」，不惜興兵動眾，「爭城以戰，殺人盈城，爭地以戰，殺人盈野。」戰爭結束，還不是兩敗俱傷。野心家們把需要用在國家文化建設、經濟建設和改善人民生活方面的金錢，都用在軍備方面，一旦發生戰爭，把人民和軍備都投入戰場，如兩次世界大戰，結束以後，無論勝方敗方，不都是國窮財盡，民不聊生。正是荀子所謂「亂則窮」呀。無論家庭、社會、國家、國際一切紛爭，都是由於自私、矛盾、不和所造成的。我基於這個認識的概念，便自一九六五年開始，不斷動腦筋研究宇宙萬有的規律，和人類應如何建立互助合作的大諧和體。

我雖不是一個哲學家，但是，我卻很有探討哲理的興趣。而且我自幼就有救人救世的宏願。我想藉美學的原理，衡量宇宙人生一切事象之美醜。並且說明國家、民族、社會、人類，常常發生矛盾、傾軋、鬥爭、紛擾癥結之所在。

我認為宇宙萬有，定於一元，紛於二三，乃是一個顛撲不破的定律。宇宙萬有如果不能「一元」，就要衝突毀滅。大而證之宇宙，小而徵之電子，莫不皆然。因此，我要以「一元」的定律來統攝宇宙萬有，以闡明宇宙萬有一元之普遍性與重要性。並更進一步證明國家、社會、人類，惟有一元才能統一、協調、和平，達到「天下一家」、「世界大同」的境地。

我所說的「一元」的真義，乃是「統一」、「諧和」、無矛盾無衝突之謂。雖說宇宙萬有，定於一元，但不是同中無異的一元，而是異中求同的一元。如極權國家，把人民統納於一個組織裡面，禁錮個別思想和行動，其表面雖也作到「一元化」，但那只是有「統一」，沒有「諧和」的一元。與我所要達到的「一元」是絕不相同的。

一元論原為英國哲學家克特華斯（Cudworth）所創。其所講的是宇宙萬有的本體，我所講的是宇宙萬有的規律。因為我立論的觀點和目的不同於西哲立論的觀點和目的，故定其名曰「新一元論」。

本著共分十一章：一曰宇宙，二曰電子，三曰自然現象，四曰人，五曰國家，六曰家庭，七曰風俗習慣，八曰語言文字，九曰道德，十曰宗教，十一曰藝術。雖是包羅萬象，但變化之中而有諧和，多樣之中而有統一。我撰寫本著的目的，乃在先為人生勾出一個簡單的輪廓，讓天下豪傑之士，執著彩筆，大家合作一幅諧和完美的大畫。

我為撰寫這本書，曾向各方面蒐集資料，「上窮碧落下黃泉」，多讀許多書，真可以說是「博覽羣集」。記得本著第四章初撰就，那時錢賓四先生住在臺中存德巷靜養，我曾執稿向他請教，越數日，錢先生閱過覆我一信，大意謂本著體大思高，不必急於行世。我得到他的啓示，更加謹慎。因此，時經三年，才告完成，並且芟蕪去穢，曾三易稿。於民國五十七年，蒙中山學術基金會奬助出版，並承梁寒操先生賜序。出書後，哲學家方東美先生看到本著，他評謂：「由實踐實證中體悟出的獨特完整的體糸。」梁序謂：「引申奧義，例證萬有，使一元之本體，納理事於圓融，捨彼空疏，裨兹實用。」都予我精神上莫大的鼓勵。然而自維學識謭陋，謬誤難免，尚乞明達教政為幸。另有近作新數論之「宇宙論」一篇，因與本著為同一思想體糸，故特附印結論之後，以饗讀者。

本著出版，至今二十五年，舍下既無存書，而坊間又不易購得。今承東大圖書公司劉董事長振強先生願擴大幅面，改版發行，特敬致謝意。

八十三年十月　呂佛庭識

新一元論目次

第五章　國家

前言

一元論這個名詞，雖然創始於英國克特華斯（Cudworth），但在古代希臘達理士（Thales）、安那芝滿尼斯（Anaximenes），已經有這思想的傾向；至於這學說成爲有組織的系統，乃是最近的事。首爲近代唯物論家所倡導，而德國克昭爾培（Cholbe）、赫克爾（Hackel），更是有力的代表。

不過西哲所講的是宇宙萬有的本體，屬於縱的方面的，我們所要說的是宇宙萬有的規律，屬於橫的方面的。因爲我們立論的觀點和目的不同於西哲立論的觀點和目的，故定其名曰「新一元論」。

「一元」的意義，就是「統一」、「協和」、無矛盾、無衝突之謂。我們雖是主張「一元」的，但不是同中無異的一元，而是異中求同的一元。

宇宙萬有，定於一元，紛於二三，這是一個顚撲不破的定律。我們深切的認識宇宙萬有如果不能「一元」，那麼、便要發生矛盾、傾軋、鬥爭、紛擾。大而證之宇宙，小而徵之電子，莫不皆然。因此，我們要以「一元」的定律來統攝宇宙萬有，以說明宇宙萬有一元之普遍性與重要性。並更進一步證明國家、社會、人類，惟有一元才能統一、協調、和平，達到「天下一家」、「世界大同」的境界。這是我們立論的觀點，也是我們寫本書的目的。

我們的「一元」的觀念是根據儒家的中庸，佛家的中觀，和西洋的美學而產生的。因此，我們所講的全是大中至正、不偏不易、圓融無礙、調和統一的道理。既不左也不右，既不前也不後；既不離物，也不離心，既非唯物，也非唯心。我們雖然既講宇宙，又談家國；既論宗教，又說藝術，但變化之中而有調和，多樣之中而有統一。從表面看既非哲學，亦非美學，從實際看既是哲學，亦是美學。如能瞭解「萬物靜觀皆自得，四時佳興與人同」的妙理，則對於本書的旨趣卽思過半矣。

第一章　宇宙

在月白風清，群動靜息的夜裡，坐在庭院中，或散步到原野上，仰臉望著龐然空濶無際的天體，往往會聯想起一大堆問題來。什麼問題呢？就是：宇宙是什麼？天體究竟是什麼樣兒？宇宙是有限的？或無限的？宇宙間的星球爲什麼動而不墜？一個星球破壞或墜落，對於整個宇宙會發生什麼影響？

第一節　宇宙的本質

宇宙是時間和空間的綜合體，它的本體的組織怎樣？我很同意陸宰（Lotze）的「是一個有機體」的說法，組織它的成分雖多，其被組織而爲有機體只是一個。至於解答宇宙本質的問題，赫克爾的宇宙之謎，生命之玄中說得很具體，他說世界的本體，是循物質和勢力的保存律而次第發生的。始爲物質，繼爲勢力，終爲精神。精神和物質是同自一元出的，長相附麗而不能分離。

比較更具體的說法還有安那薩哥拉斯（Anaxagoras）的宇宙說，和德謨頡利圖斯（Democritus）的原子論。安氏說天地萬物是由細微的原子構成的，這原子不但爲數無限，而且性質也各異。這無限而相異的原子，所以能夠結合而成萬物是由於宇宙間有一所謂「靈智」的存在，給這原子以活動力的原故。德氏說萬有本源之原子，是有實質之不可分之體，是屬常住不變的。宇宙萬有無論是精神的，物質的，都是由原子而成的。我們眼見好像是生滅的東西，不過是原子的分解、結合，精神和物質雖然很少類似之點，但也是由極細微而易於運動的原子所構成。

以上各家的說法，雖都持之有故，言之成理，但我們認爲精神卽能力的表現，二者是一種東西，不應分開。所謂「靈智」，就是物能。物能與物質乃是宇宙一體的兩面。換句話說，宇宙萬有全是由物質與物能兩種因緣和合而成的。無物卽不能成其體，無能則不能顯其用。二者必須融爲一元才能產生宇宙萬有。

第二節　宇宙的形狀

關於宇宙的形狀，西哲哥白尼（Copernicus）曾作過一個答案。他說宇宙是球形，蓋因球形是最完全的形狀，又說天體都爲等速的圓運動，蓋簡單的物體必爲圓運動，且惟圓運動有一定的週期。

我們認爲宇宙的形狀或方或圓是不可知的，可知便不是宇宙的眞形。

莊子上說：「至大無外，謂之大一。」易經上說：「天地之道，恒久而不已也。」易正義上又說：「一謂无也，无陰无陽乃謂之道一。无是虛无，虛无是太虛，不可分別，唯一而已，故以一爲無也。若其有境，則彼此相形，有二不得爲一。……」

宇宙既是渾然「至大無外」的「大一」，即時間說是無終始的，即空間說是無限量的。既是無終始無限量的，那麼自然就是無對待的。因爲沒有對待，所以便不可能知道它的眞實的形狀。我們相信宇宙的形狀，不但現在不可能知道，而且是永遠不可能知道的。人在宇宙間，好像胎兒之在母腹，胎兒未出母腹，豈能知道母體的形狀呢？我們雖不可能探知宇宙的形狀，但不能不承認宇宙是一元的渾然大諧和體。

第三節　星球之運轉與吸引

釋氏說宇宙有「三千大千世界」，這種說法好像是荒唐不經的夢囈。自從天文學發達以後，證明宇宙間除本太陽系各星球以外，不但還有無數無量的星球，並且還有無數無量的太陽系。可見釋氏所說的「三千大千世界」並不是「子虛公子」、「烏有先生」，而的的確確是有根據的。

宇宙間無數量的星球，除恒星外，全是循著一定的軌道運動的。不但秩然有序而不亂，並且系焉相聯而不墜。

行星運動，全是受萬有引力的支配，軌道並不是它運動的定律。

引力定律依牛頓（Newton）的說法是：宇宙間物質的每一質點都吸著其他質點，其力量正與其間距離的平方成反比例。所有的自然過程都要受冷熱、時地、與其他物體的存在或不存在等的影響或改變。但是沒有人可以物質的作用把物質的引力改變到最輕微的限度。

兩物體吸引的力量完全相等，不管我們怎樣對它們，不管我們在它們中間加什麼障礙，不管它們的運動有多麼迅速，行星的運動仍是受它們的引力支配的。即使只有一顆行星環繞太陽，它也一定要繼續轉下去，而且這只是爲了太陽的吸引的力量。由於太陽無比的引力之作用，使許許多多體積大小與距離遠近不同的星球全納入一個近乎有組織的諧一體。

第四節　星球墜落對於全宇宙的影響

純粹用數學計算，可以知道行星必繞成橢圓形的軌道以太陽爲一焦點。它們一定要循著這橢圓軌道一直永遠拖轉下去。但依照定律，這些行星又必須互相吸引。這種互相吸引，比起向太陽的吸引來要差得多多。因爲本太陽系中的行星的質量比那中央物體小得多的原故。這種互相吸引的結果，便是行星錯出了軌道，但它們的軌道與橢圓形仍不差甚遠。

行星是不輕易脫離軌道的，如一旦本身溫度發生了問題而脫離了軌道，不僅它本身要破壞毀滅，而全宇宙的星球，也都要或多或少爲受它的影響而發生騷動。

我們就各個星球來看，固是「小異」，如就宇宙整體來看，則是「大同」。因此，我們可以有理由說宇宙是「一元」的。

在這一元的宇宙間的星球，如果都能遵循著自己的軌道運動，便可以共存相安；否則，便要分崩離析，同歸於盡。

第二章　原　子

第一節　原子內部的組織

我們在這裡說明原子，其目的並不是講科學，而是藉科學爲一元定律找出來一個佐證。原子（Atom）內部的組織，是非常奧妙富於趣味的。從電解方法發明以後，任何原子都可分解爲兩部分。一部分走向陽極，一部分走向陰極。走向陰極的爲負電荷（卽電子 Electron）；走向陽極的爲正電荷（卽質子 Proton）。質子與不帶電荷的中子（Neutron），藉介子爲媒，而結合爲原子核（Atomic Nucleus）。每一電子和質子的電荷相反，而質量亦極輕（只有質子體重的一千八百四十五分之一）。中子爲一電子與一質子的密切結合體。故原子之質量，實爲原子核之質量，亦卽質子與中子質量之總和。但其核之體積，則僅爲整個原子體積之百萬分之一。核外是活生生的電子，經常每秒鐘以億萬計的速度繞原子核而旋轉。又因每一原子內正負電子和質子數目相同，正負中和，故能維持物質均衡平穩，使物質不致於爆炸。

第二節　原子的質能

美國哥倫比亞大學原子實驗室主任雷恩華特 (Games Rainwater) 經多次試驗的結果，最近證明「新介子」射線的種類及其性能。此種新介子射線之發現，不但影響今後原子能的發展，而且足使人類對宇宙的基本觀念頓形改變。

介子射線的光速，每秒鐘爲四十萬英里（光速每秒鐘爲二十八萬六千英里，其速率約爲介子射線百分之七十強）。輕介子（母介子）的質量爲電子的二百一十倍。重介子（皮介子）的質量爲電子質量的二百七十六倍。足見介子質量顯較電子爲大，但仍較中子和質子爲小。同時有無帶正負電荷的皮介子，其質量都是相同的。不過介子的壽命很短，在空間的生存時間，不足三百萬分之一秒。並且當皮介子消滅後，直接轉變爲電子，並非變爲「母介子」。原子核如無介子的膠著力量去結合，任何原子核都會飛散爆炸。卽人類亦不能例外。空間的介子或原子核裡面的介子，一方面在大量的轉變，一方面在大量的產生。

雷氏認爲輕介子、重介子、駝介子三種介子係專門供給能力，使原子核的組織能夠膠著，不致飛散。又知此三種介子均爲一種質點，同時又屬於一種放射光能。質和力的性能，均兼而有之。介子不但具有物質的特性，同時也具有能力的特性。並可以證明「質」「能」非單獨而存在，實爲「質能合一」之存在。

由此看起來，原子好像一個太陽系，原子核好像一個太陽，電子好像我們的地球，藉介子的引力作用循一定的軌道繞原子核運行而不離亂。按原子的組織說固是「一元」的；按它的質能說也是「一元」的。

如果介子失去了膠著的能力，那麼原子內部的組織就無法維繫了。

第三章　自然現象

大自然好像是一個魔術家，它能夠把那些極單純的事物（原子）幻出許許多多的現象，變成千千萬萬的花樣來。弄得號稱「萬物之靈」的人們，心扉開合，眼花撩亂。有時手舞足蹈，有時皺眉苦臉。被「自然之神」用鞭子在後邊抽著，老是拉著自然現象和自然物的尾巴繞圈子，玩把戲，這就是所謂之「適應自然」。

大自然雖是好像「萬花筒」，有無窮無盡的變化，但從各個事物「同」的方面來看，而全都是「一元」的，並沒有什麼差別。現在我們以自然現象與季候來作證明。

第一節　雲露雨雪

物理學告訴我們說，當在地球面上高處之溫度冷至露點以下時，其中之水蒸氣將有一部分與空中之浮塵凝結而成雲。如所結之水分達到飽和，即可下降為雨。雨在下降尚未落地之前，如已凍結爲冰，是卽爲雹。若凝結時之溫度（卽露點）降到0°C點之下，那麼下降的便是雪。溫度至冰點時，露便凝結爲霜。

由這看來，可知露雨霜雪之成因，全是大氣溫度降至露點以下之所致。

物理學又說兩種屬性不同的物質，不能溶合。

露雨霜雪的表面雖然不同，但它的屬性（濕）卻沒有兩樣。因此，全能溶合而爲「一元」的水。

露雨霜雪的變化，全都隨著春夏秋冬四季而變化其量度，是有韻律和週期性的。隨著韻律與週期而變化，通常叫做「常」；偶然脫出韻律與週期而變化，通常叫做「變」。「常」就是調和，就是一元；「變」就是矛盾，就是多元。

人類生活一切施爲都是適應自然的，如春耕，夏耘，秋收，冬藏，夏葛而冬裘，早興而夜寐，無時無地不在受自然韻律的支配，也無時無地不在和自然發生密切的關係。

因此，露雨霜雪，如能照常順時，不脫自然的韻律，人便喜樂；反之，反常違時，脫出了自然的韻律，便要降下災禍，使人驚惶畏懼。

第二節　風

凡是有點自然常識的都知道，空氣受熱則脹，受冷則縮，因脹縮而流動便是風。風的種類很多，詩經上有「飄風」，莊子上有「扶搖風」，氣候學上有「季風」、「信風」、「颶風」、「颱風」、「海陸風」、「貿易風」，及「龍捲風」等。無論其名詞、威力、影響怎樣不同，但風的屬性則是「一元」的。

季風和信風也是有週期性的，而且是有定向的。但猝發之季風，通常都有猛烈的氣旋與雷電暴雨相偕而至。其勢驟急，往往予海上居民精神上以莫大的威脅。

颶風、颱風、龍捲風，雖然都是強烈的風暴，但龍捲風的發生，是突如其來的，且為時也比較短暫。這種風暴，因旋轉速度太快，故破壞力也極大。而且風力中間已成眞空，建築物一經襲擊，則以物體中間尚存有空氣，急於尋求出路，而發生激烈對抗。所以任憑多麼堅固的建築，受此激烈震盪，必被摧毀。與其說是被風襲擊，無寧說是空氣爆炸。龍捲風如發生於海洋，能把海水捲起，直矗如柱，呈為奇觀。如在陸地，便能揚沙走石，拔樹坍屋，演出可怕的慘劇。

海陸風是由於水陸對日射反應的不同（卽自然影響）而發生的。此種風經常是隨一日中溫度的變化而轉變其風向，這與季節風有定向者不同。因為它是和緩的清爽的，有益於農作和人的健康，所以沿海一帶的人都對它發生好感。

由此看來，可以知道溫度的消長，空氣的盈虛，其程度差數不大的時候，那麼風力必然是調和的，正常的，就可以給人帶來無量的幸福。否則，溫度失調，空氣反常，便要發生猛烈的風暴，使人蒙受悲慘的災禍。

第三節　雷　電

電有陰電陽電之分。當物體靜止的時候，陰陽二電互得其均勢，故不發生現象與作用。若一旦受了外界的影響而失其均勢，那麼便發生一種現象，叫做「發電」。此電既發，則必與異性的電吸引、衝擊。由於陰陽兩電的衝擊，結果發出一種隆隆強烈的聲音叫「雷」。同時又閃耀一種流線型的光熱叫「電」。

易經屯卦：「陰逆於陽必戰。」正義說：「以陽謂之龍，上六是陰之至極，陰盛似陽；故稱龍焉。盛而不已。固陽之地。陽所不堪，故陽氣之龍與之交戰。即說卦云戰乎乾是也。」

陰陽電在未發以前，本是一元，既發之後，便成兩元，兩元盛極，就不免要發生衝突紛擾。陰陽電相擊而發生雷電，即是兩元盛極而衝突的明證。

第四節 季候

日夜與春夏秋冬四季，也都是有韻律和週期的。地球除繞地軸旋轉或自轉以外，它還要繞著太陽運行。當它自轉的時候，向著太陽這一邊的便是白天，背著太陽這一邊的便是黑夜。它毫不憚煩的，老是遵循著一定的軌道，以二十四小時爲一週期，循環不斷的在「太陽」中繞圈子。人們往往根據它的「常」或「變」而卜定吉凶。

春夏秋冬四季，按週期說也是「一元」的。地球上一切生物都隨著這「一元」的四季而生息。因此，一年四季必須循照規律而守常道，則生物才能生發滋長，欣欣向榮。否則，失序違時，生物就要大受其害了。

易經上說：「日月得天而能久照，四時變化而能久成。」正義說：「鼓之以雷霆，潤之以風雨，日月運行，一寒一暑者，重明上經，變化見矣。」荀子天論上說：「列星隨旋，日月遞炤；四時代御，陰陽大化。風雨博施，萬物各得其和以生，各得其養以成，不見其事，而見其功。」又司馬談論六家之要旨說：「夫陰陽、四時、八位、十二度、二十四節，各有教令，順之者昌，逆之者不死則亡，未必然也，故曰使人拘而多畏。夫春生夏長，秋收冬藏，此天道之大經也。弗順則無以爲天下綱紀。故曰四時之大順，不可失也。」這更可以說明陰陽四時順序調和之重要，與其滋生萬物之功用。

由此可知，自然現象必須循著一元的韻律而變化，對於一切生物才有利而無害，否則就「凶多吉少」了。

第四章　人

在本章我們就「人」的生理構造，生死壽命，思想行爲，性情天才，能力智慧等幾方面，來闡明「一元」的重要性。

第一節　生理構造

首先我們解釋「人」的意義。人是脊椎動物，哺乳動物，直立動物，和社會動物。他有手能夠製作器物，他有思想能夠創造文化，他有智慧能夠辨別美醜、是非、善惡。因此，他戴著「萬物之靈」的皇冠，自視與別的動物不同。

按人的身體構造來說，人有頭面，四肢，耳目口鼻，五臟六腑。這頭面四肢耳目口鼻五臟六腑在人的身體構造上也是「一元」的。凡是頭面四肢耳目口鼻五臟六腑無缺者，就算是完全的身體構造。反之，如少臂沒腿，缺耳無目（指先天說），則「一元」有了虧損，便不能算是完全的身體構造。

人的身體構造，不但要完全，並且還要完美。什麼樣才算是完美的身體構造呢？我們可以這樣說，身體各部分大小、長短、肥瘦、黑白，都能配合、相稱、合乎標準的，如宋玉形容「東家之子」說：「增之一分則太長，減之一分則太短，施粉則太白，施朱則太赤。」那樣的人，就算是完美身體的構造。

配合、相稱，就是「調和」；標準，就是「統一」、「一元」。一個人如果生得「口大鼻子歪」，那麼便破壞了「一元」，而不能算是完美的身體構造。

第二節　思想

思想爲一種純意識的活動，屬於主觀現象。思想的生理，乃是腦的活動。故解決問題的能力與個體的腦的發達有密切的關係。當人在思想時，所有腦內活動卽是由聯接纖維溝通感覺相互間，或感覺與動作間的神經衝動。

思想的運用是根據豐富的經驗，其過程是先提出假設，有了假設以後遂卽作比較，在比較時，將不適合的部分除去，而將合於解決問題的部分保留，由此所得的結果，就是思想的最後階段。

人的思想的類型不一，有正常的，有變態的，有純正的，有邪惡的。「正常」的就是「一貫」的，「統一」的，「一元」的。「變態」的就是「矛盾」的，「雜亂」的，「非一元」的。個體的思想活動，如果都是統一的，一個人儘管有時積極，有時消極，思想的活動可以不同，而其目的則是一個。一切思想都統一於一個目的之下，這樣一個人的思想便是「正常」的。例如儒家的思想是：「窮則獨善其身，達則兼善天下」，和「天下有道則現，無道則隱」。「隱」與「獨善」都是消極的；「現」與「兼善」都是積極的。這種思想雖是有消極積極之分，但它的目的則是在修已淑世，而動機之善仍是統一的。

又如楊朱說：「拔一毛利天下，不爲也；悉天下奉一身，不取也。」由這兩句話來看，楊子的思想好像是矛盾的，但從實際分析一下，其目的則在獨善而不相害，其思想仍是統一的。

又如諸葛亮出師表前面說：「苟全性命於亂世，不求聞達於諸侯。」後面說：「鞠躬盡瘁，死而後已。」從表面上看這兩句，好像也有些矛盾，但表明其思想的淡泊與敬事的精誠則也是統一的。

因爲他們的思想是統一的，所以我們承認爲「正常」的，「一元」的。

變態的思想則沒有「統一」性，變態的人雖也常常思想，但他的思想是不聯貫的，通常叫「胡思亂想」，或「神經錯亂」。如有些人，既想作「隱士」，又想登「廟堂」；既想作廉吏，又想受重賄；既想「馬革裹屍」，又想「老死牖下」。這都是思想不統一的惡作劇。

因爲無統一性，所以說它是「變態」的，「非一元」的。

什麼是純正的思想呢？純正的思想就是思想的目的是修己的，利人的。思想的活動是屬於道德範圍以內的。如孔子之「七十而從心所欲不逾矩」，與顏子之「三月不違仁」，都算是最純正的思想。這種思想必須能夠澈頭澈尾，始終一貫的，才算是有價值的思想。

什麼是邪惡的思想呢？邪惡的思想就是其思想的動機是自私自利的，或損人不利已的，其思想活動是不受道德和法律的規範的。如奸商計畫屯積居奇，壟斷市場；盜賊計畫如何偸奪他人的財物等，都算是邪惡的思想。這種思想如果一直發展開去，那麼，對於人群社會便有莫大的損害。

第三節　行為

行爲的基本概念是什麼呢？我們需要先弄個明白。

一切有生命的物體都有活動，活動表現於外的叫做「行爲」，行爲的發生大部分是先由感覺器官接受外界的刺激，然後聯接器官或神經系統將刺激傳達到體內，再從體內傳達到體外，使動作器官發生反應而有所活動。

行爲的性質及其複雜程度隨各種生物構造而異。但人類的行爲在生物中是最複雜而微妙的。

所有世界上一切文化都是人類所造成，而一切穢汚的罪惡也都是人類所演出。

因爲人類的腦最發達，所以中樞神經能夠自由的支配與聯繫動作。

人生活在社會中，沒有一時一刻不受外界刺激的影響。因此，由初生到老死，活動也就沒有完全停止的時候。卽是在睡眠的時候也不能完全終息。

人的行爲與思想是有密切的關係的，除無意識的動作外，有某種行爲必然有某種思想。行爲與思想同樣有道德的不道德的。凡是與純正的思想一致的行爲，就是「道德」的行爲；凡是與邪惡的思想一致的行爲，就是「不道德」的行爲。與思想一致的行爲是諧和的「一元」的行爲；與思想不一致的行爲是矛盾的「非一元」的行爲。

第四節　性

性是什麼？中庸上說：「天命之謂性」，性就是生之本質。物有物性，人有人性，張三有張三的性，李四有李四的性。因爲我們所講的是「人」，所以言「性」也以人爲限。

人性究竟是善的？惡的？自來言性者見仁見知，其說不一。儒家的「亞聖」孟子是主性善的，由滕文公篇「孟子道性善，言必稱堯舜」一句話就可以證明。孟子認爲仁義禮智是人性固有的，所以列舉仁義禮智四德爲人性所固有，以證明「性善」。

他說：「惻隱之心仁也，羞惡之心義也，恭敬之心禮也，是非之心智也。仁義禮智，非由外鑠我也，我固有也，弗思而已。」這是說四德原來是人性中所固有的，如果發展開去，就是善人，否則，汨沒不現，就是惡人。他又說：「人之所不學而能者，其良能也；所不慮而知者，其良知也。孩提之童，無不知愛其親也；及其長也，無不知敬其兄也。親親仁也，敬長義也，無它，達之天下也。」這是就兒童不學不慮的知能以說明仁義爲人性之所固有，確證人性是善的。

明王陽明主致良知說，其立論的觀點卽本源於孟子。他在大學問上說：「致知云者，非若後儒所謂充廣其知識之謂也，致吾心之良知焉耳。良知者，孟子所謂，是非之心人皆有之者也。是非之心不待慮而知，不待學而能，是故謂之良知；是乃天命之性，吾心之本體，自然靈昭明覺者也。」由這看來，可知陽明先生也是主張「性善」的了。

儒家「性善」之反對論者有荀子。荀子倡絕對「性惡」之說，和孟子的絕對「性善」說恰恰相反。他說：「人之性惡，其善者僞也。今人之性，生而有好利焉，順是，故爭奪生而辭讓亡焉。生而有疾惡焉，順是，故殘賊生而忠信亡焉。生而有耳目之欲，有好聲色焉，順是，故淫亂生而禮義文理亡焉。然則，從人之性，順人之情，必出於爭奪，合於犯文亂禮而歸於暴。故必將有師法之化，禮義之道，然後出於辭讓，合於文理，而歸於治。由此觀之，然則人之性惡明矣，其善者僞也。」荀子所謂僞者，就是矯揉造作人爲的意思。他認爲人生都有好利嫉忌的惡性。因爲都要滿足自己的慾望，於是乎率性而行，結果則發現爭奪暴亂的事，擾亂社會，殘賊生靈。所以聖人反性作僞，施行仁義之教化，以防止人之利己心的自由發展。

希臘哲學家格羅德(Groot)也倡「性善」說，與孟子的見解略同。他說：「人類所以立國家，定法律，是因爲他們有社交性。人類雖愛自己，同時也有愛他人的性情。因爲有這種愛他性，所以人類營社會生活。」

又有霍布斯(Hobbes)則主張「性惡」，其說頗近於荀子。他說：「人性是惡的，而又愛己的。由愛己性的衝突，生出國家和法律來。因爲人有愛己性，所以同居便互相衝突。」

孔子雖不大言「性」，但他卻說：「中人以上，可以語上也，中人以下，不可以語上也。」又說：「性相近也，習相遠也。」又說：「惟上智與下愚不移。」我們可以說「中人以上」的人和「上智」的人，都是「性善」者；「中人以下」的人和「下愚」的人，都是「性惡」者；「中人」與「性相近，習相遠」的人，和「上智」與「下愚」之間的人，都是「可善可惡」的人，由此可見，孔子是承認人性有善，有惡，有可惡可善的。

告子論性也頗有道理。他說：「性猶湍水也，決諸東方則東流，決諸西方則西流。人性之無分於善不善也，猶水之無分於東西也。」以水喻性，無分善惡全隨外界環境而轉移。這是指「中人」說的。他是主張人性是可惡可善的。

公都子說：「或曰性可以爲善，可以爲不善。是故文武興則民好善，幽厲興則民好暴。或曰有性善，有性不善。是故以堯爲君而有象，以瞽瞍爲父而有舜，以紂爲兄之子且以爲君，而有微子啓，王子比干。」

周人世碩說：「人性有善有惡，舉人之善性，養而致之，則善長；性惡，養而致之，則惡長。」又如漆雕開、宓子賤、公孫尼子等也都說「性有善有惡」，不過不甚圓滿而已。

總觀以上各家的見解，我們認爲孟子與格羅德主性善是指「中人以上」和「上智」的人說的；荀子與霍布斯主性惡，是指「中人以下」和「下愚」的人說的；告子主性無善無惡，是指「中人」說的；周人世碩與漆雕開等主性有善有惡，是指「中人以上」和「中人以下」，及「上智」與「下愚」的人說的。

我們認爲人性應分根本性與氣質性。如佛典所說「眞如本性」，就是「根本性」；如孟子、荀子、告子與格羅德、霍布斯等所說之性，都是「氣質性」。無論性善主義者，或性惡主義者，他們對於性的認識，都是知其一不知其二，見其端，未見其中，道其偏未道其全。

要知「根本性」如明鏡，如止水，其本身是非善非惡的。乃由於氣質習染之不同，而才有善惡與可善可惡之差別。其善惡皆由各種條件和合所造成，並非人性之本然。性在明鏡靜水般的境界中，無塵埃，無波瀾，就是至高無尙的美。這種美地本然之性，隨著某些條件而變化。或爲善，或爲惡，或有時爲善，有時爲惡，而發生種種思想與行爲，人卽其思想行爲而判其性之善惡。此與將靜水揚起，而謂水性向上，是同樣可笑的。因此我們認爲人之根本性既非善，亦非惡，而是至高無上的美。

第五節 情緒

情緒是有機體的全部的激動，是受外界事物刺激以後表現於外部的種種反應。

古人把情緒分爲喜、怒、哀、懼、愛、惡、欲等七種。近代心理學家分的比較詳細，有：憂愁、快樂、憤怒、懼怕、歡悅、期望、愛慕、嫉妒、懊惱、驚駭、輕蔑、羞恥、怨恨等十餘種。歸納起來，只不過快樂與不快樂而已。

情緒既是全身的激動，自然包括生理的變化。如胃動、心跳、呼吸，血壓與血量的變化，對於情緒都有密切的關係。

上文說過，情緒是受外界事物的刺激而發生。因此，外界事物——情境對於情緒也有密切的關係。情境一有變化，而情緒也就跟著變化。譬如一個人正在抱著閒情逸致作畫或彈琴，忽然看見催戶稅的，就會馬上改變他的情緒。

漢劉子政說：「性，生而然也，在於身而不發；情，接於物而然者也，出形於外。」又孟子趙注說：「性與情相爲表裡。」由此可見情與性的關係是如何的密切了。

雖然情緒是由於受外界情境的刺激而發生，但因爲人的性質剛柔善惡不同，所以接受客觀的刺激，和主觀的反應的成分也不一樣。譬如膽汁質剛性的人，遇著稍有不利於己的刺激便赫然震怒，大發雷霆。而黏液質柔性的人卽遇著極拂意的刺激，卻依然面不改色，氣不發喘。如管寧與華歆幼年同席讀書，聽見外面有鐘鼓的聲音，華歆很興奮的跑出去看，而管寧則恍若無事。這就是因爲個性不同，所以其對於外界刺激的反應也就有差別了。

人不但需要有調和的性格，而且還需要有調和的情緒。情緒怎樣才算是調和的呢？中庸上說：「喜怒哀樂之未發謂之中，發而皆中節謂之和。中也者，天下之大本也；和也者，天下之達道也。致中和，天地位焉，萬物育焉。」喜怒哀樂等情緒表現的得當，恰到好處，便是調和的情緒，尙書上說：「乖氣致戾，和氣致祥。」因爲人的情緒之「中節」與否，能夠直接影響天地萬物，所以我們說人是需要有調和的情緒的。

人的情緒不但需要調和，而且還需要表裡一致。有些人內心非常痛苦，因爲受環境的拘限，表面上又不能不裝出一幅笑臉。如「佞笑」、「苦笑」、「冷笑」的表現。也有些人內心本不悲傷，而爲著某一種事體的拘束，而不能不裝出一幅哭臉。如僧道替人哭喪的表現。情緒與內心表裡不一致，不但使人覺著滑稽可笑，而且還是一種最痛苦的悲劇。必須樂然後笑，悲然後哭，表裡一致，才是至性、至情的表現。

調和、一致，無偏激、無矛盾的情緒，就是「一元」的情緒。

第六節　智力

關於智力的定義，也是仁者見仁，智者見智，其說不一。直到現在依然還沒有一個圓滿正確的答案。首創智力個別測驗的皮奈（Binet）說：「智力是一種判斷、創造、及適應環境的能力。」德國心理學家斯敦（Stern）說：「智力是適當的運用思想以應付新情境的能力。」此外還有桑戴克（Thorndike）說：「智力是從眞確和事實著眼而有優良反應的能力。」英國心理學家斯皮門（Spearman）說：「智力包括普通能力，和特殊能力。」有的著重思想，有的著重行爲，有的著重適應環境，有的則特別著重普遍與特殊的能力。各家的見解是不一致的。

我們雖然不敢冒然給「智力」下個定義，但我們認爲智力與性有密切的關係，完全是天賦的，並且與遺傳有關。智力和金錢、原子能一樣，本身沒有善惡，它完全受氣質之性的支配而發生作用。性是偏在某一方面，它便表現在某一方面。性是善的，那麼智力就表現在善的方面；性是惡的，那麼智力就表現在惡的方面；性是可善可惡的，那麼智力就有時表現在善的方面，有時表現在惡的方面。

人既是都有個性的，自然也是都有智力的。不過智力程度的高低，與方面之多少不同而已。心理學家把「智力」和「能力」混在一起當就一件事，我們認爲是不對的。要知智力與能力是一體的兩面。智力是能力的動力，能力是智力的成果。智力是抽象的，能力是具體的；智力是隱藏在內的，能力是表現在外的。因此我們綜合皮氏等各家的意見補充一點說，智力是判斷、創造，及適應新環境的一種普通與特殊能力的動力。

因為人的智力是不一樣的，所以所表現出來的能力，結果大小、高低、優劣也不相同。例如兩個同歲的兒童，同跟一個先生學畫同樣的畫。甲生初畫就很畢肖，而乙生卽經過長時間的反覆練習，卻依然是「畫虎類犬」。又如甲乙二人各拿一長槓桿從屋門出來，甲把槓桿橫著拿，結果因遇阻礙而出不來。乙則把槓桿順著拿，結果很順利的拿出來。這都是智力高低不同的明證。孟子說：「人莫不飲食也，鮮能知味也。」知道「飲食」，就是普通的智力。眞能「知味」就是特殊的智力。

有的人只有政治天才，有的人只有軍事天才，有的人只有藝術天才，有的政治、軍事、藝術，各種天才兼而有之。例如：諸葛亮一出茅廬便助劉備打開一個獨立的局面。他不僅光能搞政治，而且還能指揮軍事、畫畫、作文章。這就是他具有多方面特殊的智力的表現。又如：宋徽宗及南唐後主，都善畫能文，但是在政治上所表現的則是「一塌糊塗」。這就是他具有一方面的特殊的智力而沒有多方面的特殊智力的表現。

人究竟是需要一方面的特殊智力呢？或是需要多方面的特殊智力呢？我們認為人的生活環境是非常複雜的，人必須要有多方面的特殊智力，才能應付自如。因此，我們說，人是需要多方面的特殊智力的。多方面的智力就是「調和」的智力，調和的智力也就是「一元」的智力。

第七節　能　力

上文已經說過，能力與智力是一體的兩面，能力就是智力的表現。某種智力就表現出來某種能力。能力雖然與智力關係密切，互爲表裡，但它與環境也是有諸密切關聯的。

固然某種能力是由某種智力的主動表現出來的。但如果沒有某種環境，能力則仍無從表現。如唐朝兩個以「神童」著稱的文學家王勃及楊炯，都是在十來歲的時候就能寫一手好文章。這就是證明他倆有高度的特殊智力和卓越的特殊能力。但如果他們生在那種未開化的野蠻民族的部落裡，卽如有更高一等的特殊智力，豈能夠寫出驚人的文章麼？

德國生物學家外意斯曼（Weismann）說：「假如沙摩島上生了一個孩子，天才像摩薩一般高，他能夠有什麼成就呢？他至多只能聽到從四個到七個單音的音調。他自己至多只能創造比這簡單音階稍複雜的樂調。但是他決不能創造交響曲。正猶如希臘科學家亞豈默德不能發明電氣機一樣。」

因此我們說，想有畫畫的能力，必須要有適合於畫畫的環境；想有搞政治的能力，必須要有適合於搞政治的環境；想有指揮軍事的能力，必須要有適合於指揮軍事的環境，如諸葛亮老死在隆中茅廬裡，怎能會有「指揮若定」的能力呢？

但話又說回來了，如果單單有適合於表現某種能力的環境，而沒有主動表現能力的智力，那麼，能力還是不可能會有的。例如：學生學習數學，既有教科書，又有先生指導，這可以算是有了發展學習數學能力的環境了。但有些學生努力學習幾年，還依然對於算題茫然，沒有解算的能力。又如：我個人寫鋼筆字，既有筆墨紙供我天天來寫算是有了發展寫鋼筆字能力的環境了。但我寫了幾十年到現在還依然寫的生硬無神不好看。這就是因爲沒有這種高度的特殊智力，雖有適合發展這種能力的好環境，而依然不可能表現出這種卓越的特殊能力來。

由這我們也可以簡單的假設一個規律說，凡是有某種普通或特殊能力的，都是智力與環境一致的。智力與環境一致而產生能力，這就是智力、能力、與環境的「一元」。

第八節　智　慧

智慧與智力相似而不相同。上文我們說過，智力是可善可惡的，而智慧是純善無惡的。古希臘學者稱主德有四，而列「智慧」爲第一。認爲人所以能夠知道什麼是最善的，而且能夠明瞭應當怎樣才能達到最善的境界，這都是智慧的力量。因此，對於「智慧」就看的特別重。亞里斯多德(Aristotle) 把智慧分爲二類：㈠是思辨的，其意就是指認識眞理的學識，㈡是實踐的，就是指藉以指導日常生活的智力。柏拉圖（Plato）說：「智慧之所以成爲道德的，是於國家則爲立法者，於個人則爲合理的能力。」由此可見西哲對於「智慧」的解釋，也莫不認爲是屬於善的。

我們既說智力是表現能力的動力。那麼我們還可以說智慧是辨別善惡、是非、美醜、與行善去惡的動力。

人雖是都有智力的，但不一定全都有智慧。因此，有的人能辨別善惡、是非、美醜，有的人不能辨別善惡、是非、美醜。有的人能行善去惡，有的人不能行善去惡。這雖是一個經驗的問題，同時也是智慧的問題。

凡是大宗教家，大慈善家，大哲學家，大政治家，一定都有高度的智慧，否則，便不能有「至善」的思想和行爲。例如：孔子爲淑世救民，席不暇暖；釋迦牟尼佛爲救渡衆生而捨棄太子之尊榮；耶穌爲救世救人，被釘死在十字架上；孫中山先生爲救國家民族而愈挫愈奮，再接再厲。這都是因爲有高度的智慧，所以才能表現出來「犧牲小我，成全大我」的偉大的精神。

人必須有了智慧，才能夠把智力用在善的方面，表現出來善的能力。

生理沒有缺陷，天性善良，思想純正，情緒中和，智能卓越，智慧高超的人，才是完美的「一元」的人。

第五章　國家

國是一種人群的團體，或爲一個小市府的人群團體，必有一群實在的人群，然後才可成國，但這一個人群團體，必須固住在限定的一部分地面上。否則如初民時代的遊牧部落沒有定居，便不能算是完成的國家。

單只有實在的人群和固定的領土，如果沒有精神上彼此互相聯合的組織，那麼便無法抵禦外來的侵害，以捍衞自己的生命與財產；因此，還必須要有一種「主權的組織」，膠著這片土地上的人群，以築成禦外的「精神長城」。

由這我們可以知道，人民、領土、主權，乃是構成國家的三大要素。必須「三大要素」融爲一元，才能構成一個完整的國家。

人類爲什麼要有國家呢？國家的組織到底是如何發生的？人民爲什麼要服從治者的權力？對於這些疑問也需要作一個簡單的解答。

國家是由初民氏族團體演化而成的。其所以產生國家的原因，古今中外見仁見智，其說不一。或謂起於神權，或謂起於強力，或謂起於契約，或謂以上三種都是產生國家的動力。但我們認爲英國哲學家霍布斯(Hobbes)的社會契約說比較近情而合理。霍氏說：「吾人以爲善的，不外是吾人所欲求的，而吾人欲求之根本，在於自己保存，所以自衞自存，是吾人行爲的究竟目的。人類原始狀態決不如亞里斯多德(Aristotle)所說那樣，是友愛的。而是一種互相敵視，互相殘殺的狀態。只因人人各逞其一己的欲求，勢必至於互相衝突，不能得片刻的安和，結果兩敗俱傷，都無好處。故不得已互相限制絕對的自由以保安寧的秩序。但是這種限制，如果單有嚴重的規約，沒有嚴重的監督，便不能實行。從這個必要上，便必須建設國家，並置一定的主權者。既有主權者，便不能不有絕對的權力。否則，全體的安寧必難維持。國家在這樣成立之後，於是一般人對於甚麼事可爲，甚麼事不可爲，才能區別。正邪是非，才能確定。其道德亦由此而成立。不但道德淵源於國家組織，便是宗教也適應於國家存立之必要而存在。因爲要使國民互相輯睦，誠實的擁護國家主權，故主權者宜制定適當的國教。」

主張強力說的，其理由以爲強者制服弱者，是天然的法則，一切法則中最遠古的法則，自上帝以至於一切動物都不能逾越的，就是授強者以支配弱者之權。此說與神權說骨子裡是初無二致的。不過神權說是假神權爲掩飾，強力說則以天然的法則代神權而已。

近代強力說的代表者德國柴西克在政治學裡有一段話說：「依我們推想，雛形的國自然就是一個族制團體，但是倘若一個族團求長久住在一個地方，不生別的變化，尚不能成爲一國，必定還有第二步的變化。第二步的變化就是族團與族團的鬥爭，強的族團征服弱的族團，漸漸成爲一個較大的國。因此，我們知道，國的起源就是由於那最強的族團的強權，不是由於人民的主權。」

若單從國家的形式看，柴氏的強力說是有相當的道理的。但從國家的內容看，那麼，他這種說法就不無問題了。

現在我們再以盧梭（Rousseau）的說法來對柴氏的強力說作一個反證。盧氏說：「最強的人，非把強力變作權利，服從變作義務，不能爲領袖。故最強者的權利，其取得極可笑。因爲以強力造成權利，其效果每隨因而變。若有第二強力足以勝第一強力，亦可起而代取其權利。倘若最強的人，即爲合理的人，則人將爭爲最強者；強力既窮，權利也沒有了。」又說：「壓迫眾人與治理社會，判然爲二事。沒有群體的個人，先後降服於獨夫之下，此純屬主奴的關係，而不是國民與政府首長的關係。此等人能成部落不能成社會，因爲沒有公產，沒有具體的政治可言。此種獨夫，縱然把全世界半部的人作爲他的奴隸，他也不過是一個人。因爲他的利害與眾人不相關，而僅爲私人的利害。他一死後，他的帝國也必隨之瓦解。」

由盧梭的說法可以知道，僅有用強力構成的國家的形式，而沒有契約的國家的內容，這樣的國家不但不能久存，而且也不能承認它是眞正的國家。

我們認爲無論是神權說、強力說、契約說，都是由「又一元」的觀念而產生的。必須人先有

「一元」的觀念而後才能產生「一元」的國家。因此，我們還可以抽象一點說國家是起於「一元」的觀念。

第一節　國土

國土爲構成國家「三大要素」之一。在公法上通常稱之曰「領土」。領土爲國權行使的領域界限。凡在同一國土內的人民與事物，莫不受該國之國權所支配。並且在同一單位的領土不容有兩個國的國權同時並存。這就是國家所以與社會團體最顯明的不同之處。

國土保有年代之長短，與地理的形態，氣候的寒燠，物產的豐嗇，面積的大小，全都有密切的關係。

我們先就地形來說，如河流的長短大小，山脈的起伏綜錯，平原的廣狹高低，都足以影響其居民的文化之產生。而文化之高低優劣亦足以影響其國土保有之久暫。

試從中外歷史上觀察，如埃及、巴比倫、印度、中國之初期文化的產生，都與河流有密切的關係。埃及的文化，產生於尼羅河流域；巴比倫的文化，產生於幼發拉底河及底格里士河流域；印度的文化，產生於恒河流域；中國的文化，產生於黃河流域。

因爲近水的居民能夠利用河流灌溉田園，交通往來，不但提高了生活水準，而且也增加了智識能力。所以在最早便產生了高度的文化。由於有高度的文化故，而國土之保有也比較長遠。

就山脈與平原的形勢來說，大抵山岳錯綜的地形，容易產生孤立的部落，或形成許多獨立的小國。例如古代的希臘，就因爲半島上丘陵綜錯，群雄割據，形成許多獨立的小市府國，經久不能統一。而崇山環繞、平原廣袤的地形，容易建立大陸國家。獨立的小部落卽如產生，也勢難長久存在。例如中國自從秦始皇統一六國以來，中間雖經過無數次內亂割據，但分裂的局面，未有能夠長久的。這也就是中國大陸地形適於大一統的原故。因爲廣袤的大陸上民性比較保守、服從，容易統治，所以統一的政治組織也容易出現。

氣候之寒燠不但與空間的國土有密切的關係，並且還直接影響國民的性格、體質與創造力。無論人類的抵抗自然力如何強，但終不能不受氣候的影響而生變化。伯倫知理曾經說過，羅馬人久住東方，變近女性；日耳曼人久住非洲沿岸，便不強悍；英吉利人久住印度，漸習懶惰。可見氣候對於國民之影響是如何之大了。

大概寒帶的人，生活艱苦，做事勤奮，抵抗自然力較強，而且富於獨立不屈的精神，不易爲人所征服；但因爲用力多於用腦，故文化事業發展較爲遲緩。熱帶物產較豐，謀生容易，因此民性懶惰怯懦，缺乏艱苦奮鬥的精神。其文化事業發展雖早，但容易被人征服。惟有溫帶寒暖適中，四季調和，國民的性格、體質、創造能力，也比較充沛優良。

物產的豐嗇，常能影響一國文化進展之遲速。物產過豐，則人民生活優裕，不求進步。物產過嗇，則謀生太難，欲求進步而不可能。因此，北方大沙漠物產貧乏的民族，經久不能變其游牧生活的方式。故國土之物產，既不可太豐，也不可過嗇，以不浪費，不匱乏，適中爲宜。

國土的大小，本來沒有一定的標準限度。不過就歷史上觀察，國土太小，易受大國兼併，不能維持本身的存在，例如中國在周初的時候共有千八百國。到了春秋初年只存百二十餘國。春秋以後只存七國。秦滅六國乃混而爲一了。這都是小國被兼併的事實。反之，國土太大則推行政令，鞭長莫及。人民生活語言風俗習慣不盡一致，思想感情也不能聯繫，政府無法統治，容易造成割據分裂的局面。例如中國漢唐及元朝末年與西洋羅馬帝國分裂以後都有這種情勢發生。故國土既不可比他國太大，亦不可比他國太小，要以能與他國維持均衡爲宜。

因爲我們在本節是講國土，所以提出與國土特別有關係的幾個條件來作爲「一元」之論證。

國土保有時間之久暫，固然與政治人事等條件有密切的關係，但必須地形、氣候、物產、面積等條件互相配合，適中一致，然後才能助成國家的統一，並延長國土保有的時間。否則卽不免要「日蹙國百里」，或「國亡無日」了。

第二節　國　民

國民亦爲構成國家「三大要素」之一，或者還是最要者。

凡是構成一個政治團體的各個人都是國民之一分子，由許多分子結合而成一政治團體的總體即叫做「國民」。但是一個政治團體內所包含的國民分子，在血統關係方面，語言文字方面，宗教信仰方面，和生活習慣方面，不一定都是相同的。其相同的，在政治學上叫做「一民族」。古今中外由一種民族構成一個國民團體的極少。大多是一個國民團體包含幾種民族。

國民是應該由一民族組成呢？或是應由異民族組成呢？一民族組成的國民有利呢？或是異民族組成的國民有利呢？關於這些問題，英國學者穆勒約翰（J. S. Mill）和愛格頓（Actoll）二人有兩種相反的見解。

穆勒約翰說：「國境與民族的符合，是自由政治普通必要的條件。」他又說：「民族不同的國，行自由政治，幾於不可能。因爲他們沒有共同的感情。語言文字既不相同，共同的意見無由造成，代議制度必不能成立。」因爲穆氏是主張民意政治的，所以他認爲異民族的國民團體，由於語言習慣的不同，很難構成共同的意志。

與穆氏持反對論者愛格頓說：「一個國家包含許多民族分子，好像一個社會包含許多不同性質的人民，同爲文化發達的條件。其利益：㈠劣等民族與優等民族合作，可使劣等民族進步。㈡衰老的民族得新加入的民族，可使其復於少壯。㈢異民族各有優點，各有劣點，結合在一起，可以互相比較觀摩，以豐富其知識，增加其才能。」

我們中國漢民族，在歷史上是一種最愛和平而極有平等精神的民族，對於異族的吸收和同化，向不採取壓迫歧視政策。所以孫中山先生的三民主義民族主義，在消極方面爲除去民族間的不平等，積極方面爲團結國內各民族，完成一大中華民族；內以促全國民族之進化，外以謀世界民族之平等。這是極正確合理的。

我們認爲國民之結合，血統關係與宗教信仰是否一元，無關重要。最要緊的是語言文字、風俗習慣，和思想、觀念、意志、感情必須是一元的。否則這個國民團體必不能持續長久。語言文字、風俗習慣、生活方式，我們名之曰「國民的形式」；思想、觀念、意志、感情，我們名之曰「國民的精神」。玆表解如左：

(一) 國民的形式 { 語言文字 / 風俗習慣 } 一元化

(二) 國民的精神 { 思想 / 觀念 / 意志 / 感情 } 一元化

例如我們中華民國雖是由漢滿蒙回藏苗猺玀等異民族組成的國民團體，但各民族語言文字、風俗習慣都早已漢化了，並且在政治經濟上都能取得同等的地位。所以彼此精神上自然構成一種共通的觀念，以維繫這個國民團體之存在。

又如瑞士也是由多種民族結合的國民團體，雖然各民族語言文字、風俗習慣不是一元化，但他們因爲同受奧國的壓迫，經過長期的共同奮鬥，養成了利害一致的共通觀念，並且地位平等，互相尊重，所以也一樣能夠融洽團結，相安無事。

如果國民的精神條件不能一元化，即使是血統相同的一民族結合的國民團體，那麼也必然要演出分崩離析、鬥爭紛擾的悲劇。因此，我們說國民精神的一元，更有重於國民形式的一元。

以上是就國民橫的關係方面說的，現在再就國民的本身方面來說。國民必須具備公民的條件。公民的條件，第一要有強健的體力，因爲體力強健，精神飽滿，才能勤苦耐勞，工作不惰不懈。於家於國，才有貢獻。第二要有智慧，因爲有了智慧才能辨別是非、善惡、公私，不至受少數野心家所利用。第三要有公德心，公德是維繫社會人群秩序的最高道德。必須國民都有公德心，然後才能互助合作，不爲私利而損公益，不因小我而害大體，社會才能安定，國家才有進步。以上三個條件如能融爲「一元」，便是健全的國民。

再就國民縱的方面說，政府官吏固然應愛護國民，爲國民謀福利。但國民對於政府官吏，也不能視爲是對立的，必須尊重政府的政策，恪守政府的法令，思想、意志、行動，和政府打成一片，以謀大多數人的利益。則國家才能強盛，人民才能康樂。反之，國民不健全，不盡責，而專責望政府，搗亂政府，不但不能使國家進步，而且必陷國家於萬刼不復之境。

梁任公新民篇說：「苟一家之中，子婦、弟兄，各有本業，各有技能，忠信篤敬，勤勞進取，家未有不勃然興者。不然者，各委棄其責任，而一望諸家長。家長而不賢，固闔室爲餓殍；藉令賢也，而能蔭庇我者幾何？即能蔭庇矣，而爲人子弟果其父兄，使終歲勤動，日夕憂勞，微特心不安，其毋乃終爲家之索耶？今之動輒責政府，望賢君相者，抑何不恕！抑何不智！……責望於賢君相者深，則自責望者必淺。而此責人不責己，望人不望己之惡習，卽中國所以不能維新之大原因。我責人，人亦責我，是四萬萬人遂互消於相責相望之中，而國將誰與立耶？新民云者，非新者一人而新之者又一人也，則在吾民之各自新而已。孟子曰：子力行之，亦以新子之國。自新之謂也，新民之謂也。」由此可知國民與政府合作互助，是如何的重要了。

第三節　主　權

主權亦爲國家「三大要素」之一。西語叫「Souverainete」，現代政法學者譯之爲「薩威稜帖」。其遠源出自拉丁語Superanus，含有最高或較高的意思。故現在對於主權的意義，有用「國家最高權」來解釋的。

凡是一個獨立的國家，必須要有主權。如果僅有國家的形式，而沒有主權，那就猶如一個有軀殼沒有靈魂的「木乃伊」一樣。因此，自古以來立國者莫不以爭取主權、保護主權爲重。如果甲國的主權被乙國侵奪的時候，甲國必不惜犧牲一切以抵禦之。

國家是法律上一個人格的單位，還可以說是一個法人。但是法人是一個擬想的人格，它的行爲和意志必須靠一個或一個以上的自然人來替它表現。因此，主權的行使還要寄託於自然人。

操國家的主權者是一元的呢？或是多元的呢？歐美政法學者對此問題，見仁見智，莫衷一是。或謂：國家是一個抽象的名詞，其具體的表現，全以憲法爲基礎。故憲法爲國家最高意思表示的工具。憲法既爲國家最高意思表示的工具，則握有創制憲法及修改憲法權的機關，卽爲國家主權之所託。這是「法律的主權說」。或謂在這法律的主權背後，往往有一種最大的勢力，使這法律上的主權機關不能不屈服。這種勢力，就是選民團體的輿論。在眞正民治主義的國內，這種選民團體的輿論勢力，常足以左右那些制憲機關和造法機關。然則選民團體，不就是國家主權之所託麼？這是「政治主權說」。

我們認爲操國家的主權者必須是「一元」的，不能是「多元」的。儘管主「法律的主權」者與主「政治的主權」者立論的觀點不同，但在事實上，法律的主權與政治的主權，只是一種主權兩面的表現，而並不是有兩種主權。必須法律和民意相與調和，二者融爲「一元」，則行使主權才不至「鑿枘不入」，發生阻礙和流弊。

我們既知道操國家的主權者必須是「一元」的，那麼還須要知道國家的主權是不能分割的。自從近代歐美有些國家實行聯邦以後，跟著便產生了主權可以分割，或主權多元的謬說。主權分割論者說，聯邦國與單一國之所以不同，全在主權的分割上面。單一國的主權是整個的，聯邦國的主權是分割而成兩部的。一部屬於聯邦總體，一部屬於各邦。如此，則主權並非不可分割者。

多元主權論者說，聯邦的分權，就是多元的主權的實證，並認爲國家不過爲人類社會團體之一種。人類社會的團體，本來就是多元的，各別分立的。不應該只有國家這一種社會團體，獨握有最高的完全主權。或以爲國家的重要屬性並不在握有最高的完全主權，而在能應社會的需要，替社會盡一種公共的職務。

我們很同意柏哲士的說法。他認爲主權既不可分割，又爲國家必要的原素。聯邦的各邦在未爲聯邦的構成分以前，雖爲具有主權性的國家，但到了變爲聯邦構成分以後，性質上就變成一種高級的地方團體了。地方團體的統治權，或爲最高的國家主權機關所賦予，或爲各地方團體所固有，經最高的國家主權所容許；這種權不但爲聯邦的各邦所保有，就是其他下級地方團體亦保有之，法律上怎能承認它是國家呢？

我們認爲聯邦與聯合國不同，聯合國的組織是超國家的組織，聯合國的憲法是超國家主權的主權。聯邦總體的組織是國家的組織，聯邦總體的憲法是聯邦最高的主權。聯邦個體的組織是總體之下的地方團體，聯邦個體的憲法是地方團體單行法。聯邦個體既無主權，我們卽不能承認它是獨立國。聯邦的主權既在聯邦總體，那麼其主權仍是「整個」的，「一元」的。算不得「分割」，亦算不得「多元」。

第四節　政　府

政府是一國的最高行政機關，其構成的形體，名曰「政體」。關於政體的分類，美國政法學者柏哲士定爲四個標準：㈠凡主權機關與政府機關混而爲一，卽由主權機關直接行使普通政權者，謂之「直接政府」；反之，政府機關與主權機關分別組織者，謂之「間接政府」。㈡由君主一姓的子孫相繼承者，謂之「世襲政府」；由定期選舉的方式相繼承而不限於一姓者，謂之「選任政府」。㈢行政部須對立法部負責任者，謂之「責任政府」，或「議會政府」；反之，行政部與立法部各自獨立者，謂之「總統制政府」，或「非議會政府」。㈣憲法上將國家事權全託諸中央機關者，謂之「單一制政府」；憲法上以事權分配於中央與地方者，謂之「聯邦制政府」。前者又可謂之「集權政府」，後者又可謂之「分權政府」。我國政法學者李劍農氏就柏氏的四種標準，又加以補正亦區爲四類：㈠就國家最高行政首長產生的方式言，可別爲君主制與共和制。㈡就民權表現的方式言，可別爲代議制與直接民權制。㈢就中央各機關的相互關係言，可別爲內閣制，總統制，及委員制。㈣就中央與地方的關係言，可別爲單一制與聯邦制。

政府的構成，是採用君主獨裁制好呢？採用共和民主制好呢？或採用君主立憲制好呢？論者也各有異說。主張君主獨裁制的認爲權力集中於君主一人，發號施令，自由迅捷。並且其權位來自世襲，地位超然，不受黨派勢力的牽掣，遇有黨派或階級發生爭端與糾紛時，可作最公道有力的裁判者。

反對君主獨裁者認為君主以國家為私產，視人民為奴僕。大多君主的施為是以本身的利益為前提，而不是以全民的福利為前提。由於注重人治，輕忽法治，往往造成一種「人存政舉，人亡政息」的現象。而且君主既是世襲，而賢明英武者卽不易世出。試看中國歷史上的君主，有幾個堯舜、文武、成康、文景、唐太宗呢？韓非子說：「堯舜至乃治，是千世亂而一治也。」故君主獨裁制，治時少而亂時多，人民亦受害大，而蒙惠小。

主張君主立憲制的認為君主不過是一種象徵，實際大權握在內閣手裡。內閣閣員的進退，全以議會的信任與否為轉移。而議會又產生於選民，故實質上與共和制並無二致。並且君主世襲可以免掉競選的紛擾與運動選民的浪費，這豈不是一種最有利的政體麼？

而持反對論者認為君主既是象徵，又何必拿此偶像作點綴呢？閣員的進退雖是決定於民選的議員，但君主的位置既憑世襲，遇昏庸的君主，卽不免要為特權階級所玩弄。這種政體也是很危險的。

孫中山先生在三民主義第一講裡說：「我們的歷史，經過四千多年，其中有治有亂，都是用君權。到底君權對於中國是有利或有害呢？中國所受君權的影響，可以說是利害參半。但是根據中國人的聰明才智來講，如果應用民權，比較上還是適宜得多。所以兩千多年前的孔子、孟子，便主張民權。孔子說：大道之行也，天下爲公。便是主張民權的大同世界。又言必稱堯舜，就是因爲堯舜不是家天下。堯舜的政治，名義上雖是用君權，實際上是行民權，所以孔子總是宗仰他們。孟子說：民爲貴，社稷次之，君爲輕。……由此可見中國人對於民權的見解，二千多年以前，已經早想到了。」

我們認爲無論是君主政體，民主政體，或君主立憲政體，都是管理政治，爲眾人服務的。不過政治時代環境各有不同，所採用的制度也就不能不有所變易。古人說「無百年不弊之政」，也就是這種道理。

孫中山先生從人類進化史推求民權的來源，分就四個階段：第一人同獸爭，不是用權，是用氣力時期；第二人與天爭，是用神權時期；第三人同人爭，是用君權時期；第四人民同君主爭，是用民權時期。我們就現代政治思潮來看，大多數確是傾向民主政體而主張實行民治的。

總之，無論政府的組織採用那一種體制，必須順應潮流，適合民智，三者融爲「一元」，才能夠如王良之御良馬，收日行千里、不蹶不覆之功。否則其顛覆敗亡，就不旋踵了。

第五節　組　織

國家既設政府機關，那就不能沒有組織。政府機關之組織，猶如人的身體各部分的組織一樣。所以柏拉圖的理想共和國，便將國家比就一個活的大人。中國古時稱君主曰「元首」，稱宰輔曰「股肱」，也是把國家比就一個有機體的人。

斯賓塞所著的社會學原理上把社會看就一種與動植物相同的有機物。他認爲有機體的生物，由一種極單純的細胞種子漸次生長演變，其形態由簡而變爲複，其機能也由同而變爲異。國家社會團體，也是由初民的部落演變而來的。在初民部落時代，整族從事漁獵，並自已製造漁獵工具，生活的機能也是極單純的。及其文化進步，生活方式也漸變爲複雜，於是有分業的勞動，隨之而有職能各別的機關出現。有機體的各部分都是互相關聯的。如有一部分受了損害，失了作用，則全部都受牽累，或竟喪失其生命。

國家社會團體的各部分，對於團體生命的關係也是一樣。假如部分的農業生產者，或是礦工業者，或是運輸業者，停止其工作，則全部的社會都受其影響。有機體以其構成各部分的細胞，新陳代謝而延續其生命；國家社會團體的生命，也是由新陳代謝的國民分子而延續。有機體的生物有營養儲蓄器，國家則有生產機關；生物有血液循環器，國家則有交通運輸機關；生物有管理的神經系，國家則有政府機關，所以國家完全是一種有機體。

國家既是有機體，那麼，政府和立法機關，無論採用何種制度，但它的組織必須是「一元」的。因爲行政所需要的是統一、決斷、迅捷、有力量。反之，「疊床架屋」，「政出多門」，組織不能一元化，那麼必然要分立、牽掣、傾軋、鬥爭，結果政府本身癱瘓，轉動不靈，而人民亦茫無適從了。

第六節　元首

一個國家政府機關的組織既好像一個人的身體的構造，那麼，一國的政治領袖，也就好比一個人的首腦。因此在中國稱最高的政治領袖曰「元首」。我們知道一個健全的身體構造，是不可以有兩個以上的首腦的，而一個組織健全的國家，也是不容有兩個以上的政府和兩個以上的元首的。孟子上說：「天下烏乎定？曰，定於一。」禮記上說：「天無二日，土無二王。」就是說必須只有一個政府，一個元首，國家才能統一；國家統一，社會才能安定，而人民才能得到幸福。

在君主時代，無論行政大權是否操在元首手裡，但發號施令必須出於元首一人，政令是「一元」的。並且這個國家所有的人民也必須服從他們的元首的命令。否則這個國家便不能算是統一，同時還必然要發生紊亂。

現在實行民主政體的國家，雖然政府有總統、副總統、責任內閣；政府外還有議會，在執行政權和立法的權限上看，好像是多元的；而實際自總統以下各個人都必須服從政府的政令，遵守國家的法律，仍然是一元的。惟其服從政府的法令是一元的，所以國家才能夠統一。

因為古代偏重人治，所以把元首看的特別重；現代偏重法治，所以又把憲法看的特別重。我們認為人治與法治二者必須協調、配合、融為「一元」，然後政治才能臻於修明，國家才能達到富強康樂的境界。孟子說：「徒善不足以為政，徒法不能以自行。」雖在現在法治時代，國家元首之賢不肖，卻仍關乎國家之盛衰隆汚。

韓非子難勢篇說：「夫良馬固車，使臧獲御之，則為人笑，王良御之，則日取千里，車馬非異也，或至乎千里，或為人笑，則巧拙相去遠矣。今以國為車，以勢為馬，以號令為轡銜，以刑罰為鞭策，使堯舜御之則天下治，桀紂御之則天下亂，則賢不肖相去遠矣。夫欲追速致遠，知任王良；欲進利除害，不知任賢能，此則不知類之患也。夫堯舜亦治民之王良也。」由此可知國家元首之賢能與否與國家治亂之關係是如何的密切了。

什麼樣才算是賢明的元首呢？古人曾經定了一個最理想的標準曰「內聖外王」。何謂「內聖」？就是要有高度的人格修養和政治道德；何謂「外王」？就是要有卓絕的政治才能。一言以蔽之，就是才德修養學問兼備的人物。

關於元首的修養方面，韓非子解老篇說的很具體。他說：「知治人者，其思慮靜；知事天者，其孔竅虛。思慮靜則故德不去；孔竅虛則和氣日入。故曰重積德。……積德而後神靜，神靜而後和多，和多而後計得，計得而後能御萬物，能御萬物則戰易勝敵，戰易勝敵而論必蓋世，故曰無不克，無不克本於重積德故，故曰重積德則無不克。」此說與大學上「定而後能靜，靜而後能安，安而後能慮，慮而後能得。」之理可以互相發明。實為元首修養方面的必要的條件。

元首必須謙沖下人，不驕不慢。周書上說：「天降下民，作之君，作之師，惟曰其助上帝寵之；四方有罪無罪惟我在，天下何敢有越厥志！」泰誓中篇說：「天視自我民視，天聽自我民聽，百姓有過，在予一人。」冏命篇說：「惟予一人無良，實賴左右前後有位之士匡其不及。繩牽糾繆，格其非心，俾克紹先烈。今予命汝作大正，正于群僕侍御之臣，懋乃后德，交修不逮。愼簡乃僚，無以巧言令色，便辟側媚，其惟吉士。」商書：「一夫不獲，則曰時予之辜。」這就是元首克己的民主的精神。

老子說：「善用人者爲下。」又說：「聖人爲而不恃，功成而不處。」又說：「不自見故明，不自恃故彰，不自伐故有功，不自矜故長。」梁任公說：「君不下於臣，是謂君亢；君亢則臣不竭忠，民不受上。」元首必須有這樣謙沖的修養和民主的精神，而後官民才能衷心悅服，樂於爲國盡忠効死。

元首還必須廓然大公，無偏私，無陂曲，一切遵循中正的大道去行。黃宗羲說：「有生之初，人各自私也，人各自利也，天下有公利而莫或興之，有公害而莫或除之。有人者出，不以己之利爲利，而使天下受其利；不以己之害爲害，而使天下釋其害。此其人之勤勞，必千萬於天下之人。」又說：「古者以天下爲主，君爲客。凡君之所畢世而經營者，爲天下也。」周書洪範上說：「無偏無黨，王道蕩蕩；無黨無偏，王道平平；無反無側，王道正直；會其有極，歸其有極。」虞書大禹謨上說：「人心惟危，道心惟微，惟精惟一，允執厥中。」

元首還必須聰明睿知，才能任賢能，明賞罰，使政治修明，人民康樂。皋陶賡歌說：「元首明哉，股肱良哉，庶事康哉。」韓非子用人篇說：「聞古之善用人者，必循天順人而明賞罰。循天則用力寡而功立；順人則刑罰省而令行；明賞罰則伯夷盜跖不亂；如此則白黑分矣。治國之臣，効功於國以履位，見能於官以授職，盡力於權衡以任事。人臣皆宜其能，勝其官，輕其任，而莫懷餘力於心，莫負兼官之責於君。故內無伏怨之亂，外無馬服之患。明君使事不相干，故莫訟；使士不兼官，故技長；使人不同功，故莫爭。爭訟止，技長立，則強弱不鬬力，冰炭不合形，天下莫得相傷，治之至也。」

元首如能任賢能，明賞罰，則不須事必躬親，卽可「垂拱而治」。周書武成篇說：「歸馬於華山之陽，放牛於桃林之野，示天下弗服。我文考文王，克成厥勳，誕膺天命，以服方夏。大邦畏其力，小邦懷其德，建官惟賢，位事惟能，重民五教，惟食喪祭，惇信明義，崇德報功，垂拱而天下治。」韓非子守道篇說：「聖王之立法也，其賞足以勸善，其威足以勝暴，其備足以完法。治世之臣，功多者位尊，力極者賞厚，情盡者名立。善之生如春，惡之死如秋，故民勸極力而樂盡情。此之謂上下相得。上下相得，故能使用力者自極於權衡，而願務至於任鄙；戰士出死而願爲賁育。守道者皆懷金石之心，以死子胥之節。用力者爲任鄙，戰如賁育，中爲金石，則君人者高枕而守已完矣。」又主道篇說：「明君之道，使智者盡其慮，而君因以斷事，故君不窮於智；賢者效其材，君因而用之，故君不窮於能；有功則君有其賢，有過則臣任其罪，故君不窮於名。是故不賢而爲賢者師，不智而爲智者正。臣有其勞，君有其成功，此之謂賢主之經也。」如元首叢脞煩碎，事必躬親，以察察爲明，結果勢必演成如夏書所謂「元首叢哉，股肱惰哉，萬事墮哉」的現象。

元首之政治思想，必須以愛民爲本。因爲政治是爲人民而設，所以執政者就應當以人民的幸福爲前提。夏書五子之歌：「民可近，不可下；民爲邦本，本固邦寧。」論語上孔子說：「道千乘之國，敬事而信，節用而愛人，使民以時。」孟子說：「人皆有不忍人之心，先王有不忍人之心，斯有不忍人之政矣。以不忍人之心，行不忍人之政，治天下可運之掌上。」又說：「桀紂之失天下也，失其民也；失其民者，失其心也。得天下有道，得其民斯得天下矣；得其民有道，得其心斯得民矣。得其心有道；所欲，與之聚之；所惡，勿施爾也。」由此可見元首必須存仁心，行仁政，「愛民如傷」，才能夠博得人民的擁護愛戴。否則就不免像「受（紂）有億兆夷人，離心離德」了。

元首不但要行仁政，愛人民，並且還必須禮遇僚屬，尊重僚屬的地位。故孔子說：「君使臣以禮，臣事君以忠。」唐甄潛書抑尊篇說：「聖人定尊卑之分，將使順而率之，非使亢而遠之。」又說：「人君之尊，如在天上，與帝同體，公卿大臣，罕得進見，變色失容，不敢仰視，跪拜應對，不得比於嚴家之僕隸。於斯之時，雖有善鳴者不得聞於九天，雖有善燭者不得照於九淵。臣日益疏，智日益蔽，伊尹傅說不能誨；龍逄比干不能諫，而國亡矣！」呂晚村論君臣體制說：「人知父子是天性，不知君臣亦是天性，不是假合。天生民而立之君臣，君臣皆爲生民也。……君臣之尊卑雖定，而其遞降相去只一間耳。三代以後……尊君臣卑，相去懸絕。故其志也，以威力相攝，及其不能攝也，則篡弑隨之。直弄成一個私人自利世界，與天宇隔絕。……此一倫不正，上體驕而下體汚，欲求三代之治，未易得也。」

如果元首視僚屬如奴僕，如草芥，不能以恩結，以誠見，以禮遇，那麼，僚屬也視元首如寇仇，而叛離革命之事就要發生在「蕭牆之內」了。

書經上說：「天降下民，作之君，作之師。」韓非子外儲篇說：「孔子曰，爲人君者猶盂也，民猶水也，盂方水方，盂圜水圜。」可見作元首的不但是一國的政治領袖，而且還是人民的師表模範。既是人民的師表模範，那麼就必須以身作則，博取人民的信仰。因爲「以身教者從，以言教者訟。」正己是立信的唯一方法啊。

元首想教人民不偏不黨，必須自己能行中道。故周書洪範篇正義說：「君爲民之主，當大自立其有中之道以施教於民。當先敬用五事，以斂聚五福之道，用此爲教，布與衆民，使衆民慕而行之。在上能教如此，惟是其衆民皆效上所爲，無不於汝人君取其中道而行，積久漸以成性，乃更與人君以安中之道言皆化也。」

爲政不是徒託空言可以收效的。如果元首沒有乖行，沒有缺德，卽如不用法令，人民自然也要效法他的。故論語孔子說：「其身正，不令而行，其身不正，雖令不從。」又說：「苟正其身矣，於從政乎何有；不能正其身，如正人何？」他又答季康子說：「政者，正也。子帥以正，孰敢不正！」又說：「子欲善，而民善矣，君子之德風，小人之德草，草上之風，必偃。」

元首想教人民有敬、有義、有信，那麼自己必須先好禮、好義、好信。故孔子答樊遲問說：「上好禮，則民莫敢不敬；上好義，則民莫敢不服；上好信，則民莫敢不用情，夫如是，則四方之民襁負其子而至矣。」

現代實行民主政治，由於注重法治而輕視人治，故元首對於修己也不大講究。這實在是民主政治一個大缺點。元首必須先求本身健全，而後才能治理人民，使社會安肅無擾。故孔子答子路說：「修己以敬，……修己以安人，……修己以安百姓。修己以安百姓，堯舜其猶病諸。」可見元首應該以「修己以安百姓」作爲最高的政治理想。

韓非子說：「鄒君好服長纓，纓甚貴，鄒君患之。問左右，左右曰：君好服，百姓亦多服，是以貴。君因自斷其纓而出。國中皆不服長纓。」又唐甄濬書說：「昔者，明顯帝食，庖人進鱉。顯帝食而甘之，舍箸而問曰，吾聞劉光緒禁鱓鱉之屬，安所得此鱉也？左右對曰，取之遠郊。顯曰，自今勿復進此，恐犯御史禁也。」這都是中國歷史上的元首能夠以身作則的好榜樣。

我們歸納起來說，元首一方面要能積德、體道、冲虛、懷仁，具備內聖的條件；一方面還要選賢任能、施仁政、布公道，具備外王的條件。必須「內聖外王」兩個條件融爲「一元」，才算是最理想、最標準的政治領袖。

第七節 官吏

古代設官分職，意在分君主之任，治眾人之事，而爲國家服務。黃宗羲原臣篇說：「緣夫天下之大，非一人之所能治，而分治之以群工。」周書周官說：「唐虞稽古，建官惟百。內有百揆四岳，外有州牧侯伯；庶政惟和，萬國咸寧。夏商官倍，亦克用人。明王立政，不惟其官，惟其人。」又說：「今予小子，祗勤於德，夙夜不逮，仰惟前代，時若訓迪。厥立太師、太傅、太保，茲惟三公，論道經邦，燮理陰陽。官不必備，惟其人。少師、少傅、少保曰三孤，貳公引化，寅亮天地，弼予一人。」冢宰掌邦治，統百官，均四海；司徒掌邦教，敷五典，擾兆民；宗伯掌邦禮，治神人，和上下；司馬掌邦政，統六師，平邦國；司寇掌邦禁，詰姦慝，刑暴亂；司空掌邦土，居四民，時地利；六卿分職，各率其屬，以倡九牧，阜成兆民。」

古代官職與現代官職的名稱雖然不同，但所掌理的事務，並沒有多大差別。不過古代是政教合一，偏重於教民作人方面而已。舜典說：「契爲司徒，敬敷五教。」周禮：「司徒掌十有二教，一曰以祀禮教敬，則民不苟；二曰以陽禮教讓，則民不爭；三曰以陰禮教親，則民不怨；四曰以樂禮教和，則民不乖；五曰以儀辨等，則民不越；六曰以俗教安，則民不偸；七曰以刑教善，則民不暴；八曰以誓教恤，則民不怠；九曰以度教節，則民知足；十曰以世事教能，則民不失職：十有一曰以賢制爵，則民愼德；十有二曰以庸制祿，則民興功。」由此可以知道古代設官分職意義之深長了。

國家的元首既好比人的首腦，那麼官吏也就好比人的股肱和手足。我們知道一個人的身體只有首腦，沒有四肢是不能有所活動，有所作爲的，而一個國家如果只有元首沒有官吏，則一切政治也是無法推行的。官吏與元首名分雖不同，但其對於國家所負的責任則是同樣的重要。

三代君臣，雖已有了尊卑之分，但並沒有嚴格的階級。故呂晚村說：「嬴秦無道，創爲尊君卑臣之禮，上下相隔懸絕，並進退亦制於君而無所逃。而千古君臣之義，爲之一變。」因爲君臣之義變了質，所以自漢以來二千多年，官吏屈爲元首私家之僕隸，而不知所任者爲何事了。

元首有元首之道，有元首之事；官吏有官吏之道，有官吏之事。元首必須遵元首之道，作元首之事，才能稱爲好元首；官吏亦必須遵官吏之道，行官吏之事，才能稱爲好官吏。官吏要認清自己的職務，不但能奉公守法，並且能敢言直諫。不假公濟私，不以私害公。上以輔翼元首，下以分理庶政；義之所在，雖剖心懸首，赴湯蹈火亦不辭。如官吏都能有比干、茅焦之烈；諸葛亮、魏徵之忠，即如元首不賢，也可以安社稷，保國家。

反之，不明本身應守之道，也不作官吏分內之事，一味折節枉道，獻媚邀寵，以「美田宅，長子孫」滿足自己無窮之私慾。如呂晚村所說：「後世人臣，只多與十萬緡塞破屋子，便稱身荷國恩矣。諫行言聽，膏澤下民，與彼卻無干涉。」即如元首有堯舜之賢，社會還能不亂，國家還會不亡麼？

元首不能盡元首之道，孟子稱爲「一夫」；官吏不能盡官吏之道，我們可以稱他爲「俗吏」。

官吏之守道與盡責必須是「一元」的，才是好官吏。好官吏與好元首的思想、意志、及一切施爲，必須配合、協調，融爲「一元」，則國家才有好政治。故虞舜歌：「股肱喜哉，元首起哉，百工熙哉。」

第八節　政　策

凡是一個國家，不論是古老的新興的，都有其傳統的立國精神。有某種傳統的精神，便產生某種政治制度；有某種政治制度，才確立某種政策。故政策與政治制度、傳統精神，三者是有密切的關係的，必須三者融合爲「一元」而後政策才容易實施。否則，「削足適履」便很難爲多數人所接受。例如某一國家產生民主制度，必是某一國家的國民先已有了傳統的民主精神。而且政治制度產生以後，還必賴具有民主精神的政策來表現，來發揚，則民主制度才能圓滿成功。

傳統的立國精神與政治制度，可能持續若干年長久的時間而不變。但政策是需要因人制宜，因地制宜，因時制宜的。故政策不但要與傳統的精神和政治制度配合，並且還要與人事環境與時間配合。比方一種閉關自守的外交政策，在古代能行，在現代就不能行；一種強迫教育的教育政策，在甲國適用，在乙國就未必適用。同是一種政策，並在同一時、同一地實施，在甲執行很有成效，而乙執行則流弊百出。因此我們還可以說，政策必須與人事、環境、時間融合為「一元」才能成功，否則必然失敗。

因為政治包括很多部門，所以自然也有很多部門的政策。例如教育政策、內政政策、外交政策、財政政策、經濟政策、國防政策等。各部門的政策名稱雖然不同，但政策之確立，必須根據一個共同的「一元」的原則，所謂共同的一元的原則，不外乎使政治修明，國家富強，人民康樂。凡是依照這個共同的「一元」的原則而制訂的政策，就是善政策；違反這個共同的「一元」的原則而制訂的政策，便是惡政策。

茲就各門政策，分別舉例闡明於後：

（甲）教育政策

教育的目的是在普遍的培養有學識、有能力、有道德的好公民。故教育政策之制訂與實施，必須依照這個宗旨，則國民才能成為公民，國家才能存在。反之，教育政策專注意應用智識之灌輸，和科學技術之培養而忽視作人的道德，則國民必不能健全，而國家也不能存在。

（乙）內政政策

內政旨在建立完善的禮俗制度與合理的生活方式。對於國民之服裝建築及婚喪大禮，必須確定一種優良的「一元」的制度和政策，以完成國家統一的形式。如內政沒有「一元」的政策，對於禮俗和生活方式，採取放任主義，張三結婚行十八世紀的禮，李四結婚行現代禮；甲穿印度式衣服，乙穿美國式衣服，全無標準，各行其是，則國家社會的形式上必定發生一種雜亂無章的現象。故在封建君主時代，每換一個朝代，必「改正朔」，「易服色」，使國家由實質的統一，達到形式的統一。而形式的統一，也有助於實質的統一。

（丙）外交政策

外交政策就是處理對外關係的政策。最重要者如：締結條約與宣戰媾和等。外交政策，儘管性質不同，但其目的不外折衝於樽俎之間，維護其本國的權益與榮譽。

外交有外交的大道，外交政策必須依照外交的大道來制訂。一方面固要維護國家人民的利益，一方面還要尊重國際公法。外交雖重辭令，尚詻辯；但必須講信義，隆禮貌，不能專玩弄欺騙的詐術。故古人說：「講信修睦，協和萬邦。」

例如春秋齊國外交家晏嬰出使到楚國去，楚人看他身材矮小，叫他從狗門進去。晏子答道：

「入狗國進狗門，入人國進人門。」楚人聽了很覺慚愧，結果仍請晏子從人門進去。這就是因爲楚人外交無禮貌，所以才招致莫大的侮辱。

中國戰國與三國時候的外交多尚詐術，以欺騙詭譎爲能。因此國際間外交道德便掃地無餘了。

外交政策必須光明正大，才能博得與國的同情，和議席上的勝利。反之，鬼鬼祟祟，即如眼前佔點小便宜，結果喪失了國家的信譽，而是所得不償所失的。

（丁）財政政策

國家好像一個公司，人民像股東，政府像經理。政府受股東之託，辦股東之事，即如有「三頭六臂」，而不能作「無米之炊」。故無論舉辦任何事，非有經費不可。但經費支出部門浩繁，數目龐大，不能不設專官，不能沒有計畫，更不能不制訂財政政策。制訂財政政策，必須先注意兩個問題：(1)什麼是國家所必需而不可少的？(2)此項需要之供給，如何使之最經濟與最有利益？

制訂財政政策，必須本著三個原則：(1)不圖目前之近利，致減少將來之收入。(2)各部門經費之支配，必須公平合理。(3)要因時因地制宜，不能違背國家特殊之需要。如果能夠本著以上這三個原則制訂財政政策，則國家財政就不會紊亂枯竭了。

（戊）經濟政策

人類自初生之後，就需自己設法來維持生命。一切可以維持生命的東西，叫做「財貨」。財貨既可以滿足人的慾望，那麼人便不能不設法取得之。但財貨來源有限，供不應求，必須用很多勞力才能取得。此種財貨就叫做「經濟財貨」。因爲物質慾望伴隨物質文明而增長，初民所尋求之布米麻絲等生活必需品，已不能滿足人的慾望，以後又逐漸推廣至便利品與奢侈品。

政府既負責保障人民的生活，那麼對於人民生活所需要的一切物質，就不能不設法生產、分配、交換、供給、消費。如何生產、分配、交換、供給、消費，就是經濟政策。

我們認爲經濟政策之制訂，必須本著三個大原則：⑴生產要富，生產不富不足以供給消費。⑵分配要均，分配不均不足以消滅享受的不平。⑶消費要豐，消費不豐不足以改善生活。如果能夠本著這三原則制訂政策並實行之，則不但人民生活可以改善，並且社會也可以安和了。

（己）國防政策

國防建設雖然不是人類社會生活的目的，但一個國家想達到生存的目的，必須要有國防。站在全人類的觀點來看，爲建設國防而消耗人力、智力、物力，和財力，好像愚蠢得可憐。但站在國家與民族的觀點來看，建設國防，不僅是很必要，而且還是很聰明的。

在世界大同的理想沒有實現以前，國與國之間，不能沒矛盾，不能沒傾軋，不能沒戰爭。一個國家求生存，也就不能沒有國防。而國防建設，更不能沒有國防政策。國防政策就是完成理想的國防建設的方法。國防力量大小強弱決定於國防政策之良否，因此國防政策和國家的生存是有密切的關係的。

決定國防政策的因素可分兩類：一是普通的因素，一是特殊的因素。普通的因素有五個條件：第一把握時代；第二發動民眾；第三注重時效；第四充實戰爭機器的套數；第五配合政治、經濟、文化戰。特殊的因素有四個條件：第一人民要有統一的目標與意志；第二要有強大的國力；第三要得地利；第四要配合因敵我的關係所引起的需要。必須普通因素和特殊因素配合巧妙，融爲「一元」，而後國防建設才能鞏固，才能達到國家生存的目的。

但國防政策的目的只能限於防禦侵略，保衞國家的生存；而不能侵略他國，擾亂世界。否則國防政策便成了「窮兵黷武」的工具了。

總之，無論是那一部門的政策，必須符合上文所說政治修明，國家富強，人民康樂共同的一元的原則，則政策才有意義，才有價值，而對於國家才有貢獻。

第九節　政　黨

「人以類聚，物以群分。」政黨就是由政見主義相合而結成的團體。

政黨既有政見有主義，當然也有所活動施爲。其活動施爲的目的，則在於取得政權以謀主義之實現。其取得政權的方法，無論是用武力爭奪，或由競選獲得，都必須能夠得到多數人的信仰與支持才能成功。

政黨是伴隨代議的民主政治而產生的。政黨的制度之成立以英國爲最早，其次則是美國。我們中國政黨的組織，雖僅有四十餘年的歷史，但與政黨相似的團體則在數千年前卽已產生了。如漢末的黨錮，唐末的清流，北宋的朋黨，明代的東林黨，不過格於專制君主的淫威，沒有具體的組織而已。

政黨對於政治有好影響也有壞影響。故有人稱頌，也有人詬病。稱頌者說政黨政治可以收互相責成，彼此監督之效。詬病者認爲政黨的組成，一方面是高超的理想，一方面是財富的背景，二者結合所形成的權力，非散漫的人民所可左右。故有些政黨往往離開政權爲人民謀福利之責任，而走上政權假借人民福利鞏固政黨福利之歧路；形成政黨不是代表民意，而是製造民意，以政黨的利害代替了人民的利害。

並且政黨有排他性，各爲發展其本黨的前途，即將謀求人民幸福的政治置於黨爭的漩渦中，於是多黨政治因政權不能穩固，國家基礎風雨飄搖，人民幸福棄若敝屣。

而兩黨政治，在朝黨憑藉憲法保障，成爲多數對少數的專制；在野黨對在朝黨之政治設施，亦有不少吹毛求疵的攻擊。因黨與黨的利害不一致，往往抹煞了國利民福。

一黨政治雖無敵黨可排，但易形成專制獨裁的封建性的貴族僧侶政治。況政黨政治以競選爲獲得政權之途徑。競選即不是人民求賢能，而是賢能求人民。將政治之服務性變爲權利性，即轉移了政治爲人民謀幸福的本來目標。康長素說：「政黨之爲俗，賄賂相爭，奸詐相傾，勢脅相刼，罵詈相攻，皆視爲固然。賄賂成風而廉潔失，傾詐成風而正直失，野蠻成風而禮儀失，勢脅成風而氣節失，故政黨之與聖教，幾不相容。」其論雖激，然確能深中政黨之弊。

我們認爲政黨有無存在的價值，全看政黨之本身是否健全，是否具備政黨的條件。健全的政黨當然對於民主政治是有幫助的，否則，政黨就成了民主政治之贅疣了。

玆把政黨應具備的條件略述於後：

㈠政黨對立並存，都必須承認現行的政治組織原則（憲法），並對於政治原則要有一元的共同的信仰。否則，必致國家分裂，國本動搖。

㈡政黨一切思想施爲，必須以國家的利益與人民的幸福爲前提，不能以黨的福利爲前提。其與政府及人民的利害觀念必須是一元的。否則，便成爲自私自利的朋黨而不是政黨了。

㈢各個政黨要互相尊重對方的地位和政見的優點。彼此政見儘管不同，但其愛國家愛人民的基本觀念必須是一元的。

㈣政黨的政策與民意必須是一元的，不能強姦民意，製造民意。如果政黨政策以爭取政權爲目的，以爲民謀福爲手段，那麼便成了「掛羊頭賣狗肉」，有名無實的盜騙集團了。

㈤一切政黨的言論行動，必須同受國法的拘束，而不容有一黨有一人享有特殊的權利。各黨權利沒有軒輊不平，則思想、意志、觀念、行動，在大體上自然容易融爲「一元」了。

㈥政黨競選爭取人民的信任和擁護，必須以人格、學識、能力爲資本，而不能以物質、金錢、權勢爲資本利誘人民，或威脅人民。否則，執政之後必不能爲人民謀幸福。

政黨如能具備以上幾個條件，便算是健全的政黨，國家有了健全的政黨，則政治的利害也就可以「一元」了。

本章各節所說的各種條件，如能配合、協調、一元，則國家即可長治久安；反之，分離、對立、矛盾，則國家必然紊亂敗亡。

第六章　家　庭

人何以要有家呢？有人說家是民族新生命創造的場所，民族新分子必須於家庭裡才能產生，亦必須於家庭中才能長成。倘使沒有家庭，則民族新分子即不易產生，或即產生亦不易長成。又有人說家是在以家爲本位的社會制度之下集體生產的基本組織。如果沒有家，則集體生產的基本組織即無法維繫，而這種社會制度也就要跟著破壞。所以在以家爲本位的社會制度之下必須要有家庭。

我們認爲家庭之產生還有兩種因素：第一、上古部落時代的人，爲了抵抗外侮的侵害，保護自己的生命財產，不得不組織家庭以謀自衞。第二、爲保持有血緣老幼男女之愛，謀大家長久共同生活，不能不有家庭組織以事團結。

家庭既是以家爲本位的社會制度的基本組織，必須有一種合理近情的規律，才能維繫這個組織的存在。何謂家庭規律呢？禮運上說：「父慈、子孝、兄良、弟悌、夫義、婦聽、長惠、幼順。」此八者就是家庭中的規律。

構成家庭的分子有：親子、夫婦、兄弟姊妹等。必須家庭中的各個分子都能遵守家庭的規律，永遠保持相互的適當的關係，則家庭才能成爲「和諧」的、「一元」的家庭。家庭各分子應如何遵守家庭的規律，茲分節述之。

第一節　夫婦

中庸上說：「君子之道，造端乎夫婦。」可見夫婦是家庭分子之中最主要者。一個家庭的樂苦成敗，大半要看夫婦的關係如何。如果夫婦本身健全，感情和諧，則家庭卽可興旺，否則卽要破敗。所以夫婦必須相敬相愛，同心協力，興家立業。詩經上所謂：「琴瑟友之」，「如鼓琴瑟」，「宜爾室家，和樂且耽」，莫不是注意在夫婦和樂的感情上。夫婦對本身固然要力求健全，不僅使對方知其當敬當愛而敬之愛之；並且覺其可敬可愛而敬之愛之。而彼此之間還要相諒互信，不但覺其可敬可愛而敬之愛之，並且知其當敬當愛而敬之愛之。

古人所說的「夫唱婦隨」，「夫義婦聽」，「三從四德」，在現代人看起來男女太不平等了。因此就有許多荒唐的人高唱「打倒孔家店」，「廢除吃人的舊禮教」。其實在男子掌握家庭經濟權，女子未從厨房解放出來的時代，「夫唱婦隨」本是很自然的事，而且也是很合理的事。好像音樂家合奏音樂。甲唱則乙和，乙唱則甲和，有唱者必有和者，大家只求節拍不亂，音調和協，動聽悅耳，何必斤斤於誰唱誰和呢？夫婦共同生活，有唱者亦必有和者，夫唱則婦從婦隨；婦唱則夫隨夫從。例如現在有很多夫婦逛公園，妻走前面，丈夫爲妻攜大衣伴隨後面，妻說看電影，丈夫不好意思說聽戲，這不是婦唱夫隨麼？

我們認爲夫婦之間必須要有純眞的感情，有了純眞的感情，則誰唱誰和自然就不計較了。但純眞的感情乃由相敬相愛、互助合作產生出來的。如果夫愛妻而妻不愛夫，或妻愛夫而夫不愛妻，夫婦「同床異夢」，結果不但感情發生裂痕，而且還要演出仳離不幸的悲劇。

在以家爲本位的社會裡，夫婦是不應隨便離合的，因爲家是經濟單位，是社會組織的基本。若家的分子時常變動，則家的組織就要受影響，並且兒女也容易失其教養，所以在以家爲本位的社會裡，夫婦既合，即不可再離。

從前丈夫死了，其妻即守節撫孤以繼承家業。而社會對於這種守節撫孤的女子，也特別鼓勵、表揚。在現在某些人看來，女子守節撫孤，未免太傻氣，太頑固了。然而在以家爲本位的社會，爲維繫家的組織，女子守節承業，則是很必要的。因此夫婦必須相敬相愛，互諒互信，彼此發生一種眞摯的、和諧的感情，則家的組織才能維持，而夫婦才有快樂。

第二節　親子

家庭之間除了夫婦的關係之外，還有親子的關係。親與子應該怎樣呢？孔子說：「父子有親。」親就是愛，父母與子女之間，必須要有一種眞純的愛，則親子的感情才能維繫。但親子之愛必須是彼此一致的。故古人說：「父慈子孝。」必須父慈子孝，才能產生眞純的愛。

作父母的應該怎樣愛護子女呢？我們認爲父母除盡生育子女的義務外，還必須負起教養子女的責任。因爲子女是自身與民族生命的延續，其形體雖是分離的，但其精神與血統則仍是一體的。

有些作父母的把子女當就賺錢的商品，其教養子女的目的在希望子女升官發財，武斷鄉曲，這種有條件的教養是虛僞的，自私的，絕對不會有眞純的愛。

作父母的必須要明白教養子女是本身應盡的義務，不要希望子女對於自己有所回報。應該無條件的教養子女，愛護子女。如果教養而不愛護，視子女如幾隻雞，幾隻犬，那就失去爲父母的實質了。

但父母愛護子女必須循正道，有義方，不要盲目的溺愛，視如掌上的玩具。子女必須先受良好的家庭教育，而後才能樂於接受學校教育，造就健全的國民。以這樣義方教子的愛，才是眞純的愛。

作父母的對於子女固然應當慈愛，而作子女的對於父母應當如何呢？古人在這方面也早有規定。規定的什麼呢？就是「孝」。孝爲「百行之源」，「天經地義」，作兒女的對於自己的父母必須盡孝。論語有子說：「君子務本，本立而道生，孝弟也者，其爲人之本歟？」孝經孔子說：「夫孝，德之本也，教之所由生也。」中庸上說：「仁者人也，親親爲大。」孟子說：「仁之實，事親是也。」爲子女的如果不能孝親，那就是不仁者了。

子女孝敬父母也應當是無條件的，不可以存著討好要功、沽名釣譽的心。父母賢，固應敬之愛之；父母不賢，亦必敬之愛之。如果是有條件的孝，有所爲的孝，那麼孝就打了折扣，不能算是眞孝了。

孝親者必是有禮守法、循規蹈矩的人，所以論語上有子說：「其爲人也孝弟，而好犯上者鮮矣；不好犯上，而好作亂者，未之有也。」反過來說，凡是好作姦犯科、悖禮無義的人，就是不孝者了。

爲子女的應當怎樣孝親呢？孝經上孔子說：「身體髮膚，受之父母，不敢毀傷，孝之始也；立身行道，揚名於後世，以顯父母，孝之終也。夫孝，始於事親，中於事君，終於立身。」又說：「愛親者不敢惡於人，敬親者不敢慢於人。」又說：「事親者居上不驕，爲下不亂，在醜不爭。居上而驕則亡，爲下而亂則刑，在醜而爭則兵，三者不除，則日用三牲之養猶爲不孝也。」

曾子說：「身也者，父母之遺體也。行父母之遺體，敢不敬乎？居處不莊非孝也；事君不忠非孝也；涖官不敬非孝也；朋友不信非孝也。」歸納起來就是說作兒女的要明白自己的身體是父母身體的延續，不可無故毀傷。傷了自己的身體就如傷了父母的身體。對人接物還須謙和敬愛，不可驕慢無禮。使別人由於愛敬自己而能及於自己的父母。並且作子女的還要立德、立功、立言，建樹有利於社會人群的事業，使父母因兒女之不朽也能顯揚於後世。孟子說：「事孰爲大，事親爲大，守孰爲大，守身爲大。不失其身，而能事其親者吾聞之矣；失其身而能事其親者，吾未之聞也。」守身自愛，不使親憂，不使親辱，卽自於孝道無虧了。

孝親雖是天經地義，但敬順父母還必須合乎義，如果敬順而不合乎義，那就不能算是眞孝了。所以孝經孔子又說：「父有爭子，則身不陷於不義；故當不義，則子不可以不爭於父，臣不可不爭於君，故當不義則爭之。從父之令，又焉得爲孝乎？」父母有了過失，作兒女的應當誠誠懇懇和顏悅色的諫諍父母，求其能夠改過。如父母不知悔悟，不能接受，則兒女也不能怨恨父母。故論語上孔子又說：「事父母幾諫，諫之不從，又敬不違，勞而無怨。」例如鄭芝龍原爲明臣，後來變節，投降滿清，其子成功力諫芝龍，芝龍不聽，成功悲惋而已，並無怨詞。故成功雖未遵父命，而仍不失爲孝子。

爲子女的在平時固應保愛自己的身體，使身體強健，不生疾病，以免父母對之發生憂慮，但在非常的時候，爲著公理和正義需要犧牲「小我」的生命，那就不能再愛惜自己這個「臭皮囊」

了。故禮記祭義曾子又說：「戰陣無勇非孝也。」如果爲孝親臨陣脫逃，不能盡忠報國，也不是孝子應有的行爲。例如後漢書獨行傳：「趙苞爲遼西太守，適鮮卑萬餘人入塞，途中擄苞母及其妻子，質載以擊郡。苞率二萬，與賊對陣。賊出母以示苞，苞悲號謂母曰：『爲子無狀，欲以微祿奉養朝夕，不圖爲母作禍。昔爲母子，今爲王臣，義不得顧私恩，毀忠節，唯當萬死，無以塞罪。』母遙謂曰：『威豪（苞字），人各有命，何得相顧，以虧忠義！昔王陵母對漢使伏劍，以固其志，爾其勉之！』苞卽時進戰，賊悉摧破，母妻皆爲所害。苞殯殮母畢，葬訖，謂鄉人曰：『食祿而避難非忠也，殺母以全義非孝也。如是，有何面目立於天下？』遂嘔血而死。」趙苞先破賊以報國，後殉母以盡孝。這才是眞正的孝子呢。

家庭之間，必須「父慈子孝」，則親子的感情才能融爲「一元」，有了純眞一元的感情，而後才能互助合作，以振家聲。否則，「父不父，子不子」，那就「不祥莫大焉」了。

第三節　兄弟姊妹

家庭除夫婦親子之外，還有兄弟姊妹。兄弟姊妹爲同一父母所生，同一父母所養，雖年齡性別不同，但都是父母性細胞的結合，其關係之密切，幾不亞於親子。故李華弔古戰場文說：「誰無兄弟，如足如手。」既是如足如手，自應相親相愛，精誠合作，幫助父母，以分父母憂勞。

兄弟姊妹應當怎樣相愛呢？必須彼此都能視爲一體，愛對方如同愛自己的手足。爲兄姊者要能忍讓，爲弟妹者須知恭敬。漢孔融四歲讓梨，成爲美談；唐李勣爲姊煮粥燃鬚也傳爲佳話。詩經上說：「友於兄弟，以御於家邦。」孟子說：「幼吾幼，以及人之幼。」必須在家友愛自己的兄弟姊妹，才能出而恭敬長上，並友愛天下的人。斷沒有在家不愛自己的兄弟姊妹，而能眞愛他人的。也斷沒有在家不能和自己的兄弟姊妹合作，而能善處社會團體的。

兄弟姊妹在家庭過共同的生活，應該相敬相愛，無拘無束，和和樂樂，保持一種天倫的友愛。如果大家都能和合親愛，則大家庭才能維繫，才有快樂。反之，兄弟姊妹互相嫉忌、傾軋、衝突，則家庭必然要分崩離析，使父母失其所養。這不但是不悌的行爲，而且也是不孝的行爲。

有人說大家庭因爲兄弟姊妹利害關係複雜，是非太多，易生閒氣，不及小家庭單純快樂。從壞的方面看，這話說的不無道理，但家庭之是非多少，有無閒氣，快樂與否，並不一定在家庭之大小。如果兄弟姊妹之間都有純眞無僞的感情，那麼卽如「九世同居」，也仍然可以保持家庭和樂的氣氛。反之各懷私心，不能以誠相見，卽是小家庭閒氣也不能免。

殷時兄弟辭讓的伯夷、叔齊；漢時有名的「難兄難弟」，陳元方、季方；唐朝「大被共寢」的玄宗兄弟；宋朝程明道、程伊川兄弟；蘇東坡、蘇子由兄弟等，都是我國歷史上兄良弟悌的典型人物，是很值得爲兄弟者效法的。如果爲兄爲弟者都能像他們一樣，手足之間還會鬧是非麼？還能不愉快麼？兄弟姊妹必須使感情融爲和諧的「一元」，才無虧於「手足之情」。否則不幸的

「鬩牆」之事就要發生了。

我雖是對於家庭方面說了不少的話，但並不是固執盲目的歌頌以家爲本位的社會制度。而是說明在這種制度存在的空間與時間之中，家庭裡每一個構成分子，必須共同設法來維繫這個組織，並且還必須使每一個分子樂於在這個組織裡過生活。想使每一個分子都能維繫這種組織，並樂於在這種組織裡過生活，那麼彼此之間必須有一種富於「膠著性」的愛。愛從那裡產生的呢？愛的來源不外乎親敬、忍讓、原諒、寬閎、坦白。

家庭各個分子好像一盤散沙，愛好像士敏土，散沙之中有了士敏土，可以變成「一元」的堅固的物；各個分子有了愛，才可以產生「一元」的和樂的家。因此我們還可以說夫婦、親子、兄弟姊妹的感情必須一元化，則家庭的組織才能維繫，而且才有維繫的意義與價値。

第七章　風俗習慣

有一年我從西安往成都去，經過廣元縣，以候車住了幾天。聽說張飛廟建築很偉大，神像很莊嚴，於是便乘輿前往參觀。因爲不知道地點，所以走到街上順便問警察張飛廟之所在，而警察不但不告訴我，並且還嚴厲的教訓我一頓。他說：「我們都叫張爺廟，不許叫張飛廟，你不懂得這裡的規矩嗎?」由此我才深切的意識到孟子所謂「入境問禁，入鄉問俗」之重要。還記得我在北平上學時，與幾個喜歡胡謅的同學組織了一個「重陽詩社」。他們大都喜歡嫖妓吃酒，我則沒有這種習慣。因此每逢宴會或出遊，往往掃大家的興致，可見風俗習慣之不同，人與人之間便容易發生無謂的誤會與隔閡。

何謂風俗呢?古人說：「上之所化爲風，下之所化爲俗。」漢書上說：「凡民函五常之性，而其剛柔緩急音聲不同，繫水土之風氣，故謂之風；好惡取舍，動靜無常，隨君上之情欲，故謂之俗。」漢書對於習慣也有這種說法：「少成若天性，習慣如自然。」

我們認爲風俗是某種社會規約的持續，習慣是某種特殊生活型態的持續。各種民族風俗習慣之起源，不外乎禳災祈福，趨吉避凶，維護族類的生命。其後因爲社會進化之程度不同，所以風俗習慣也就相去日遠了。

第一節　風俗習慣與環境之關係

某種風俗習慣之形成，與自然環境、社會制度、學說思想、民族特性有密切的關係。例如中國北方沙漠地帶，氣候寒冷，缺乏水源，既不宜於聚族定居，又不宜於藝種黍稻，所以便形成游牧逐水草生活的風俗。而且民性強悍，善養駝馬，都有騎馳鬥勇、衣皮食肉的習慣。又如中國是以家爲本位的社會制度，自孔子提倡孝悌忠信禮義廉恥八德，及中庸之道以後，流風所被，久之便形成一種敦厚禮讓的風俗與習慣。如臺灣山地險阻，民性殘虐，早年產生一種馘首祭神的風俗；由於這種風俗而養成殺人的習慣。所以我們認爲某種風俗習慣是受自然環境、社會制度等影響而形成的。

第二節　各種民族風俗習慣之特色

風俗是屬於一個大社會，一種民族或多種民族，一個國家或多數國家所有的。如中國青紅幫，同道相會，取杯置帽都有特定的規矩，彼此說話也有特定的隱語。山西省人崇拜關羽，四川省人崇拜張飛，這種風俗是屬於一個社會的。

中國漢民族特定每年清明節祭祖掃墓；五月五日端午節紀念屈原；八月十五日中秋節拜月；九月九日重陽節登高。漢族人死了用木葬；回族人死了用土葬；藏族人死了用天葬；這種風俗是屬於一種民族的。

中華民族過陰曆年；日本大和民族也過陰曆年。又如四月八浴佛日，中華民族、大和民族、及印度人都有一部分人對釋迦牟尼佛舉行紀念儀式，這種風俗是屬於多種民族的。

中國人穿長袍短褂，日本人穿和服，這種風俗是屬於一國的。

中國人男女結合或死亡，要舉行葬儀與婚禮；日本人與歐美人男女結合或死亡，也要舉行葬儀與婚禮。中國人把日月星辰風雨河海以及山嶺沙石都視爲有神祕的生命和威力而敬奉膜拜之；而北美洲的印第安人也以爲日月星辰都是神，每逢日出時，老酋長和戰士們便唱歌歡迎它。英屬新赫布里底島的土人也崇拜大巖石。中國人崇拜植物，故有「花神」、「大樹神」；而馬來人說椰子樹有眼睛；英國人以山桔爲有神祕的能力；印度孟加拉的樵夫入森林伐樹，必行一種儀式求樹神許可。中國人認爲人死後有靈魂；埃及人也以爲人活時，靈魂各部相合，死後則靈魂分離，故以靈水妙藥洗木乃伊，以求靈魂歸來。中國人信仰預兆與占卜；而婆羅洲海踣押克人凡造屋、耕種、戰爭，都要先問「預兆的鳥」(Omen birds)，如徵兆不吉，即停止活動；非洲西部的約魯巴人敬奉一個占卜的神名「伊發」(Ifa)，祭時必先占卜以請神示。以上這種風俗是屬於多數國家的。

習慣是屬於多數人，少數人，或個人的。例如穿衣、住房、熟食，日出而作，日入而息，這種習慣是屬於多數人的；吃酒、賭博、下棋、抽煙、穿皮鞋、拖木屐，或喜看小說，或愛打籃球等，這種習慣是只少數人有，多數人是沒有的。南史劉邕傳記載：「邕性嗜食瘡痂，以爲味似鰒魚，嘗詣孟靈休，靈休先患灸瘡，痂落在床，邕取食之。」劉邕雖有吃瘡痂的習慣，但別人不一定有這種習慣。因此我們說這種習慣是屬於個人的。

第三節　風俗習慣之空間性與時間性

風俗習慣是有時間性與空間性的。在古時有某種風俗習慣，現在不一定還有；例如中國上古時候「母系制度」、「搶婚」、「茹毛飲血」、「構木爲巢」，及中古時期「彈棋」、「投壺」、「貼花黃」的風俗習慣，早已成了歷史陳跡，全不存在了。

甲地的人有某種風俗習慣，乙地的人不一定有。例如中國北方人愛吃麵，南方人愛吃米；中國和日本人吃飯用筷子，歐美人吃飯用刀叉；印度人死了擲屍體於聖水河內，非洲人死了宰割屍體給親人充饑。張三有某種習慣，李四不一定有。如晉時阮孚愛玩屐，祖約愛玩錢；陳遺母好吃鐺底焦飯，戴叔鸞母好聽驢鳴；唐朝盧仝好吃茶，李白好飲酒；宋朝歐陽修愛玩硯，米元章有潔癖。這種種習慣都不是普遍全有的。

風俗習慣有厚薄優劣，例如「道不拾遺」、「行人讓畔」、「敬老慈幼」、「扶傾濟弱」，多數人都是如此，便是敦厚的優良的風俗；反之，一個社會的人，多數「強凌弱，眾暴寡」，不仁不義，無禮無信，便是澆薄的不良的風俗。又如愛早睡早起，愛遵守時間，愛讀書寫字畫畫彈琴，愛「運甓」習勞，愛整潔，愛禮貌，這都是好習慣；反之，愛罵人，愛鬥毆，愛吃煙賭博，愛尋花問柳，則都是壞習慣。國家風俗純美則可以長久，人民習慣優良則可以健全。

第四節　風俗習慣要一元化

風俗習慣是膠著人類感情的一種力量。想使人與人能夠團結，發生密切的關係，最好是都有一種共同的優良的風俗習慣。如果風俗習慣是「一元」的、優良的，即如民族不同，也能相處無猜。例如中國晉末五胡的人，後來他們的風俗習慣全受漢化，因此到現在便沒有夷夏之分了。如風俗習慣是多元的，即是一種民族，同住一個國家，則精神上也免不了隔閡。如中國北方人有吃麵的習慣，南方人有吃米的習慣，南北人同席吃飯，以習慣不同便覺不快。又如南方人入夜必滌足以寢，與北方人數日或數月不滌足者同寢，亦以習慣不同而生厭惡。由此可知一種民族，一個國家，或全世界人類，必須風俗習慣是「一元」的，則感情才易接近，彼此才能和諸親睦。「一元」的風俗習慣雖不是膠著人與人的感情的主力，然卻不失爲一種重要的助力。

第八章　語言文字

第一節　語文不統一之害

記得在民國三十三年夏，我住在四川青城山，有一天往灌縣城裡訪一個朋友，適逢朋友不在家，我便問他的老媽子主人到那裡去了。她告訴我說：「出街了。」（四川人往街上去，叫出街。並且街讀ㄍㄞ音。）我誤聽爲出差了，所以就又問她，出差到什麼地方？什麼時候能回來？她嫌我太囉嗦，表現很不耐煩的樣子。後來經另外一個人向我解釋，我才明白她說的是「出街」而不是「出差」，原來是我聽錯了。記得還有一次我從南京往杭州去，經過上海到一家商店買東西，因爲我聽不懂上海話，商店學徒著急便不理我。我也索性不買他的東西到別家去買。我和那個老媽子與那個商店學徒，本來無仇無怨，只因言語不通，而發生不快之感，這是多麼不值得呀！民國三十四年春，我避寇住在南陽騎立山廣慈寺。那時南陽縣城被日寇佔據，縣政府全班人馬也都逃到山裡。有一次民團在平地捉回兩個朝鮮人，有一個是大學畢業，學識還相當不錯。我常找他攀談，問東問西，彼此言語雖不通，但他學過漢文，能寫漢字，所以完全採取筆談的方式，結果由於互相瞭解，而居然也發生了感情。民國三十七年我到臺灣來，每逢與臺省人接觸，也往往採用筆談。這種方式雖然不大方便，但結果也可以使彼此得到相當的瞭解，以彌補語言不通的缺陷。由以上所經驗的事實，我更深切的認識人類語言文字，實有「共通化」、「一元化」的必要。

第二節　語　言

世界各種動物都有它自己的語言，有的是藉著身體的運動和氣息而發出一種聲音，以表達其某一種意願。人類因爲生而具有創造和使用種種聲音的無限的本能，所以語言學家認爲是最優秀的發音動物。

人類不但是最優秀的發音動物，並且還是有思想有感情的社會動物。爲著對於自己社會團體或別個社會團體表達思想與感情，於是才發生有組織有意義的聲音——語言，人與人可以交換知識，溝通感情。

人類的語言可以分勢語、口語、文語三種。什麼是勢語呢？例如點頭表示同意，搖頭表示否定，招手表示使來，鼓掌表示歡迎等姿勢便是勢語。什麼是口語呢？例如從口腔裡發出「你們這些財迷轉向的人那能肯捨一文錢」的聲音，就是口語。什麼是文語呢？例如用文字寫出的「夫天地者萬物之逆旅」，及「無名天地之始，有名萬物之母。」就是文語。

每一種語言都有其結構的方式與特徵。語言有三種要素：㈠語音，就是表達思想或感情的有組織的聲音。㈡語彙，就是把確定的某一種語音用以表達某一種概念。㈢語法，就是聯結許多概念，用某種固定的方式，以表達事物的關係。各種民族語言的起源本來是「一元」的，不過因為語言結構的不同，日漸紛歧而已。

第三節 文字

最初人類表達思想與感情全是用勢語和口語，因為勢語和口語為時間所限，容易忽忘，不能行遠傳後，於是開化的或半開化的民族又創造文字來幫助記憶。

初民創造文字的動機，一是主觀感覺需要；二是客觀有所觸發。在未有文字以前，各種民族大都「結繩」記事，後來人事日繁，漸感不便，為滿足生活的需要，而發明了簡單的「書契」。書契就是簡單的圖畫。「契」是幫助記憶的一種簡單的雕刻。文字就是由書契蛻化出來的一種比較有定型的記錄語言的符號。

世界各種民族，不但創造文字的動機是「一元」的，而且創造文字的要素也同樣是「一元」的。無論何種文字，都離不了「形」、「聲」、「義」三大要素。文字是記錄語言的，除具有語言的「音」與「義」之外，還有符號的「形」。「形」在純粹的拼音文字方面，不過是「音」的附屬品。但在象形文字方面，「形」還可以表現「義」。形既是音符，又是義符，因此它在文字三要素中，更佔著重要的地位呢。

初民結繩記事的事，不但中國歷史有記載，而外國也有很多類似的傳說。易繫辭說：「上古結繩而治，後世聖人易以書契。」周易集解引九家易說：「古者無文字，其有約誓之事！事大，大其繩；事小，小其繩。結之多少，隨物眾寡。各執以相考，亦足以相治也。」此雖不足完全說明上古結繩的方法，但尚近乎情理，不失爲可靠的根據。宋朱熹說：「結繩，今溪洞諸蠻猶有此俗。」可見結繩之習，宋代還保有之。

又蔣善國說：「祕魯土人曾有一種最完善的記事方法，名爲結子。凡人民之統計，土地之界域，以及死者之墓誌等，莫不賴用此法。係先以主繩，繫以有一定距離之各色繩子。於各小繩上，因事之種類而定結之大小與用何種顏色。此外如美洲印第安人，以連串的貝殼記事。澳司大利亞土人以短棒繫繩上記事。」由此可知未開化的民族結繩記事，中外都是不約而同的。結繩雖不能說它就是文字，但未嘗不可以說是文字的濫觴。

上文說過，初民感覺語言表情達意不便，於是才創造文字。後來不但把文字組織起來，並且還通過藝術手腕使之美化，就是所謂「文章」，通常簡稱叫「文」。文有二大要素：一曰「詞」，二曰「句」。如何鑄詞，如何造句，如何把詞句聯結為篇章，這就叫「文法」。各種民族，不但各有各的語法，而且也各有各的文法。因為文法不同，所以彼此所作的文章，便很難得到深切的瞭解。

世界各種民族的語言文字結構的方式既各有不同的特徵，因此民族精神上都劃了一道深塹鴻溝。於是互相歧視、誤會、敵對，而往往演出不幸的悲劇。

第四節　語言文字之演變

語言文字都是伴隨時代而演進的，並不是一成不變的，例如中國古代人的文言，早已脫離了「十字街頭」的口語，鑽進「象牙之塔」的文了，曾經著簡册、登廟堂的「文言文」，到現在也變成了少數文人雅士的「案頭清供」，而不是大眾的日用必需品了。現在的楷書與它的祖先象形字來比較，簡直不像是一個血統，其面貌變得和它的祖先相似處實在太微渺了。我們相信無論那一種語言文字，莫不是遵著衰敗破壞、生長完成循環不已的定律而變化的。

語言文字不但是能變的，而且還需要往統一處變。固然民族語言文字之構成包含有先天的生理與自然環境、社會環境，種種不同的因素在裡面，想使各種民族的語言文字完全統一起來變為

「一元化」，好像是根本不可能的。我們也承認這確是一件極困難的事，但不是絕對不可能的事。

大抵同久變異，異紛求同，乃是人類共通的天性，也是社會進化自然的趨勢。例如中國戰國時代，七雄分立，各自爲政，西周所定的那套一元的制度，全都破壞，不能統一。因而言語異聲，文字異形，演成雜亂無章的局面。秦始皇統一之後，接受丞相李斯的建議，使天下「車同軌，書同文」。一切文物制度仍歸於「一元化」。

說文解字自序說：「其後諸侯力政，不統於王，……分爲七國；田疇異畮，車涂異軌，律令異法，衣冠異制，言語異聲，文字異形。秦始皇初兼天下，丞相李斯乃奏同之，罷其不與秦文合者。斯作倉頡篇，中車府令趙高作爰歷篇，太史令胡毋敬作博學篇，皆取史籀大篆，或頗省改，所謂小篆者也。」由此可知，只要執政者有認識，有魄力，有決心，使語言文字「一元化」，並不是不可能的。

秦始皇使「偶語者棄市」，禁止人民言論自由，行極權，反民主，固然罪不可逭；然而，以幅員遼濶，人口眾多之中國，自秦迄今兩千多年，各地語言雖殊，而文字還依然能夠「一元化」，我們不能不說是李斯及秦始皇的功勞。

固然秦始皇統一中國，完全是以武力征服的結果，但在現代想使世界，或一個國家，一種民族的語言文字一元化，不必使用武力，而用教育的力量同樣可以奏效。

第五節 語言文字需要一元化

我們認爲想統一未來世界的語言文字，必須造出來一套富於共通性的新語言文字。各種民族一方面要習用這種共通的新的語言文字，一方面還不妨保持自己原有的語言文字。至於一個國家，或一種民族，想統一語言文字，當更較容易。只要政令統一，教育普及，使語言文字一元化自然是不成問題的。

在大同世界未實現以前，一個國家的語言文字也必須一元化。否則國民卽不易團結，政府政令也不易推行。因此無論古今中外，一個征服者對於被征服者，必先改變其語言文字，使同化於自己的文化。反之，一個被征服者，一旦掙脫了征服者的枷鎖，而恢復了國家的地位和民族的自由，也必首先恢復其自己原來那一套語言和文字，以謀民族之團結。如果把民族文化比就一個人，那麼語言文字就是文化的身軀，如果一宗民族文化，沒有一元的語言文字，那就如同身軀被支解了。

第九章　道　德

第一節　道德的意義

何謂道德？道德就是自然與人生為充分實現其本身或人群的生存自由所形成的各種善的觀念及善的行為之規律。

道德可分為二類：一曰「自然道德」，二曰「社會道德」。社會道德又可分「普通道德」與「特殊道德」。

何謂自然道德？自然道德就是老子所說的「天道」。老子說：「天之道，不爭而善勝，不言而善應，不召而自來，繟然而善謀。」又說：「道常無為而無不為，侯王若能守之，萬物將自化。」又說：「天之道利而不害。」莊子天地篇對於道德也有具體的解釋說：「通於天地者，德也；行於萬物者，道也。」淮南子原道篇說：「夫道者覆天載地，廓四方，柝八極；高不可際，深不可測；包裹天地，稟授無形，……植之而塞於天地，橫之而彌於四海。」

儒家對於自然道德的解釋，與道家的解釋名詞雖不盡同，而內涵則無二致。中庸第一章說：「天命之謂性，率性之謂道。」意思就是說，凡是天然生成如此者，都叫「性」，遵循著如此之性而「開物成務」，就叫做「道」。中庸上所說的性，卽老子所說的德。自然道德之功用，在於生畜長育宇宙萬物。故中庸說：「誠者，天之道也。」又說：「誠者自成也；而道自道也。誠者物之終始，不誠無物。」此所謂「誠」，卽老子所說的「常道」，常道就是沒有時間性和空間性的眞理。

何謂社會道德？社會道德就是維繫社會各個分子的關係及社會秩序的規律。這種規律是一方面依照「天道」最高的原則，一方面因應社會環境之需要而構成的，故也可以叫做「人道」。「人道」與「天道」必須融爲「一元」，則社會道德才能合乎人性，否則卽不是完美的社會道德。

第二節　道德的起源

關於道德的起源，自古中西論者其說不一。性善主義者孟子說：「惻隱之心，仁之端也；羞惡之心，義之端也；辭讓之心，禮之端也；是非之心，智之端也。人之有是四端也，猶其有是四體也。」他認爲這四種道德是人先天都有的。人既是先天都有這種道德觀念，爲什麼還有善與不善之分呢？他認爲這是後天環境的影響所致。故又說：「人性之善也，猶水之就下也，人無有不善，水無有不下；今夫水搏而躍之，可使過顙；激而行之，可使在山，是豈水之性哉，其勢則然也。其所以陷溺其心者然也。」

漢董仲舒說：「天覆育萬物，化生而養成之。」又說：「天生之以孝悌，無孝悌則失其所以生；地養之以衣食，無衣食則失其所以養；人成之以禮樂，無禮樂則失其所以成。」又說：「禾雖出米，而禾未可以爲米；繭雖有絲，而繭非絲；卵雖出雛，而卵非雛。」

宋周敦頤說：「五行一陰陽也，陰陽一太極也。五行之生也，各以其性；無極之眞，二五之精，妙合而凝。乾道成男，坤道成女；二氣交感，化生萬物，萬物生生，而變化無窮焉。惟人也得其秀而最靈，形既生矣，神發知矣，五性感動而善惡分，萬事出矣。」

陸九淵說：「人受天地之氣而生，其本心無有不善。」又說：「人性善，其不善者遷於物也。」

明王陽明說：「知是心之本體，心自然會知，見父自然知孝；見兄自然知悌；見孺子入井自然知惻隱，此便是良知，不假外求。若良知之發，更無私意障礙，所以須用格物致知之功，勝私復理。」

康德說：「人類生來都有道德觀念。因人類生來都有道德觀念，所以道德是內在的。考察道德行爲，必須注重動機，動機善，才是眞善。同時理性爲人類所同有，所以由於理性產生的道德律，是一種客觀的東西。」

以上各家都認爲人類天性全是善的，所以也以道德來源爲內發的，不是外鑠的。卽如有人發生惡的行爲，那也是受環境的影響，而不屬於性的範圍。

性惡主義者認爲人類天性不但是惡的，而且是反道德的。因此，道德之產生非由於內在之天性，而是適應外在社會之需要。故荀子說：「凡人之欲爲善者，爲性惡也。夫薄願厚，惡願美，狹願廣，貧願富，賤願貴，苟無之中者，必求於外。故富而不願財，貴而不願勢，苟有之中者，必不及於外。用此觀之，人欲爲善者，爲性惡也。」又說：「禮起於何也？曰，人生而有欲，欲而不得，則不能無求，求而無度量分界，則不能不爭。爭則亂，亂則窮。先王惡其亂也，故制禮義以分之，以養人之欲，給人之求。使欲必不窮乎物，物必不屈於欲，兩者相持而長，是禮之所起也。」

霍布斯的道德論與政治論也和荀子的立論觀點相同。他說：「人們原來是利己的，人群互相敵對，成一種無法無天的自然狀態，人人都不能過安全的生活。於是爲著保護自己的生命，和滿足其利己的欲求，便覺得對於各個人的絕對的自由有限制的必要。因此彼此相約在互助不相害的原則下，建立國家，授以主權，來保護並監督群眾，而群眾對於國家主權，也有絕對服從的義務。國家既立，卽不能沒有嚴密的社會規律。否則國家的安寧卽無法維持，於是甚麼事當爲，甚麼事不當爲，才能區別，正邪是非，也才能確定，而道德也由是而成立。」又說：「各人得自己的快樂，是人世最高的善，最終的目的。人有時雖然自己捨去快樂，而反趨苦痛，這乃是欲求更大的快樂的犧牲。如烈士殉國，孝子事親，學者求眞理等事，都不過是求快樂的手段。這些事本身並不是善，只因由這些事生出快樂，所以才是善。由此可知自利便是德之根源。」

法國郝爾維休（Holvetius）說：「人類行爲唯一的動機就是自愛或使自己快樂，自愛或使自己快樂就是道德界的法則。」

以上性惡主義者，他們認爲人類之一切行爲，其動機都是爲自己的。卽如烈士殉國也是爲的自己最大的快樂。並認爲「我」卽宇宙一切的中心，所以「我」爲一切活動的目的。既是如此，卽可盡量利用一切滿足「我」的私慾。所謂道德不過是外在社會所規定的滿足人私慾的規律而已。

我們認爲無論是性善主義者，或性惡主義者，他們對於道德的起源，都是知其一不知其二，見其端未見其中，道其偏未道其全。

人類究竟爲什麼要有道德呢？因爲人群是一有機體，既是有機體，則各個分子都有不可分離的密切關係。固然個體脫離群體不能生存，而群體喪失了個體也無法存在。況且人類生來都有生存慾、異性慾、自由慾、創造慾、支配慾。這些慾望一方面由於主觀的衝動，一方面由於外界的刺激，而發生各種思想、感情與行爲。因爲人之美地本然之性受了某種因緣之薰習故，所以往往蘄求滿足自己各種慾望之思想行爲也不一樣。並且有少數分子所表現的行爲與群體的利益發生衝突，以致影響多數分子發生同樣的行爲，破壞群體的利益，危害群體的存在。結果某一些分子不但不能滿足其各種慾望，而且徒然損害別人和自己的生命。因此有少數先知先覺者，抱著悲天憫人的宏願，發揮淑世正俗的精神，本著天道人性制定種種社會規律，以指導群體分子，都能辨義利，別是非，接受其教化，遵行其規律，改邪歸正，去惡行善。使個體與群體的利害，完全一致。破除矛盾，消滅衝突。以維護群體之存在與增加群體之幸福，使個體生存與自由和群體生存與自由融爲「一元化」，便是社會道德產生之根源。

第三節　道德與法律

道德與法律的功用有什麼不同呢？論語上孔子說的很明白，他說：「道之以政，齊之以刑，民免而無恥；道之以德，齊之以禮，有恥且格。」就是說國家用法律規範人民，用刑罰制裁人民，充其量也不過使人民表面上不犯法，但不能使人民自覺，以犯法爲恥；如果以道德感化人民，以禮教規範人民，不但使人民以犯法爲恥，而且還能成爲標準的完人呢。因爲孔子的政治主張是以禮樂治天下，所以他特別強調道德與禮教的功用。

但法家的韓非與孔子的政治主張就不同了。他說：「聖人之治民也，度於本而不從其欲，期於利民而已。故與之刑，非所以惡民，愛之本也。刑勝而民靜，賞繁而姦生。」又說：「母之愛子也倍於父，而父令之行也十倍於母。吏之於民也無愛，而其令之行也萬於父母。父母積愛而令窮，吏用威嚴而民聽，嚴愛之策可決矣。」他認爲不但法律是理民的根本要件，而刑罰更是理民最有效的工具。因此他極端反對孔子以仁義道德理民的主張。故又說：「流涕而不欲刑者仁也，然而不可不刑者法也。先王屈於法而不聽其泣，則仁之不足以爲治明也。且民服勢而不服義，仲尼聖人也，以天下之大，而服從之者僅七十人；魯哀公下主也，南面爲君，而境內之民無敢不臣者。今爲說者不知乘勢，而務行仁義，是欲使人主爲仲尼也。」又說：「人不恃其身爲善，而用其不得爲非。待人之自爲善，境內不什數；使之不得爲非，則一國可齊而治。」因爲韓非的政治主張是以法治天下，所以他特別強調法律與刑罰的功用。

我們認爲道德的功用使人能覺，是積極的、治本的、持久的；法律的功用使人知畏，是消極的、治標的、暫時的。禮記上說：「禮云，禮云，貴絕惡於未萌，而起敬於微眇，使民日徙善遠罪，而不自知也。」又說：「凡人之知，能見已然，不能見將然。禮者，禁於將然之前；而法者，禁於已然之後。」這也就是說明道德與法律，積極和消極的功用。

道德是法律的根本，必須群體中的分子都受過道德的薰沐，而具有道德觀念，能遵守法律，則法律才有效，群體才能維繫。因爲守法也是道德。反之，群體分子既沒有受過道德的薰沐，又沒有道德觀念，卽如有十全十美的法律，群體分子都玩法、弄法，則法律不過是廢紙具文，或惡人的護符而已。有些人「不欺暗室」，即如孤行獨處也不會發生越禮犯法不道德的行爲，這就是德教的功用。有些人「怙惡不悛」，非嚴刑峻法不足以規範他的行爲，這就是法律的功用。因爲人之習氣有善惡之不同，所以道德與法律對於維繫社會群體具有相輔相成的功用，是不可偏廢的。並且法律之制訂還必須以道德規律爲藍本。如果法律與道德規律不一致，成一種「鑿枘不入」的現象，則群體中的分子即無法遵守。而法律仍不免成爲具文。因此，我們認爲道德與法律，無論在形式方面，或精神方面，必須融爲「一元」，對於維繫群體才能收到最大的效果。

第四節　道德規律

我們既說明道德與法律「一元」之重要性，還需要說明道德規律「一元」之重要性。所謂道德規律，就是指導人類去惡行善、生活向上的最高原則。人類雖是需要去惡行善，但去惡行善又不能沒有標準。道德規律就是告訴人類那種是善的行爲，那種是不善的行爲；那些事應該做，那些事不應該做的一種標準。

社會道德規律分基本的與特殊的兩種。基本的道德規律如「仁、義、禮、智、信」五常，是「放諸四海而皆準，俟諸百世而不惑」的；特殊的道德規律如禮運：「父慈、子孝、兄良、弟恭、夫義、婦聽、長惠、幼順、君仁、臣忠」十義，是有時間性和空間性的。特殊的道德規律因時代、環境、民性及文化水準之不同而有差別。故某一種社會，有某一種道德規律。這一種社會的人，遵守他這個社會所規定的道德規律，而思想，而言語，而行動，便是道德的，否則便是不道德的。

關於道德規律之分類，中外古今賢哲所處的時代環境和彼此思想觀點之不同，故所規定的道德規律也多不一致。就中國來說：最早的道德規律就是契定的五倫：「君臣有義，父子有親，夫婦有別，長幼有序，朋友有信。」其次是儒家的道德規律：「智仁勇」，「仁義禮智信」，及「孝悌忠信」等。道家的道德規律是：「一曰慈，二曰儉，三曰不敢爲天下先。慈故能勇，儉故能廣，不敢爲天下先故能成器長。」法家的道德規律最重要的就是管子所規定的「禮義廉恥」。他說：「禮義廉恥，國之四維，四維不張，國乃滅亡。」他又解釋說：「禮不踰節，義不自進，廉不蔽惡，恥不從枉。」與儒家的解釋略有不同。國父孫中山先生改儒家的舊八德爲「忠、孝、仁、愛、信、義、和、平」新八德。中國歷來道德之分類大抵是如此。

再就歐洲方面來說，對於道德規律分類最早的是柏拉圖。他的道德規律之分類爲「智慧、節制、正義、勇敢」。亞里斯多德除採用柏拉圖的四主德外，又加上「恐懼、大方、豪爽、自尊、溫和、友愛、誠實、機智、公平、謹愼、友誼、快樂」等。耶穌基督的道德規律爲「信仰、仁愛、服從、忍耐、謙遜、貞潔」等。英國倫理學家馬肯其又把全部道德分爲義務與德行兩大類：

前者是「尊重生命，尊重自由，尊重性格，尊重財產，尊重秩序，尊重眞理，尊重進步」等；後者是「勇敢、忠實、節制、謹愼、正直、友愛、虔敬、智慧」等。此外釋迦牟尼佛所定的道德規律，消極方面㈠五戒：不亂殺，不亂取，不亂淫，不亂語，不酗酒。㈡十善：不殺生，不偷盜，不淫慾，不妄言，不綺語，不兩舌，不惡口，不慳貪，不瞋恚，不愚癡。積極方面㈠六度：布施、持戒、忍辱、精進、禪定、智慧。㈡四攝：布施、愛語、利行、同事等。由此可見中西古今道德規律分類雖多，但大都缺乏明確的概念，和有條理的系統。因此，往往一個社會群體，同時有幾種不同標準的道德規律，使群體中的分子茫無適從，各行其是，卒至發生衝突紛亂。

我們認爲無論何種社會群體，必須確定一種明確合理有系統的「一元化」的道德規律，以爲群體各個分子思想、言論和行爲的準繩。

中國自孔子以來，國民大都遵守儒家的道德規律，故儒家的道德規律對於社會人心影響深而且廣。茲重新把仁義禮智信五常用「一元」的定律列表並分別闡明於後：

五常必須發於「誠」，歸於「義」；發於「誠」則不僞，歸於「義」才能合於不偏不易的「中庸」之道。五常與「誠」與「義」融爲「一元」，才算融通圓滿的道德規律。

（甲）誠

何謂「誠」呢？「誠」就是眞實的天人「一元」的本體。

「誠」是人類道德的起點，也是人類道德的極峯。人類由「誠」而明覺宇宙事物的眞理，「誠」卽是起點；由「誠」納宇宙事物的眞理歸於本性，「誠」卽是極峯。中庸第六章說：「自誠明，謂之性，自明誠，謂之教。」意卽謂由於直感的「誠」而悟到事物的眞理，這是性的本能；由於悟到事物的眞理而明瞭「誠」的本性，這是教的功用。「誠」與「明」有體用的關係，「誠」爲體，「明」爲用；無「誠」不能成其「明」，無「明」不能顯其「誠」。例如孝親，必須存誠心以孝親，才能眞能明瞭孝親的道理。眞能明瞭孝親的道理，而後才更能存誠以孝親。故中庸又說：「誠則明矣，明則誠矣。」由此可知「誠」與「明」二者是「一元」的。

「誠」的最大的功用有二：第一、「誠」能盡人的本性，完成人的人格；並且使人持著「誠」的道理，作爲一支熊熊的火炬，引導著自己永遠向著善的光明的大道邁進。故中庸說：「誠者自成也，而道自道也。」第二、「誠」不只是使人能盡人的本性完成人的人格就算盡了它的功用了，並且還能使人推而廣之，明瞭物性，成全萬物，視自己與宇宙萬物爲一體。故中庸又說：

「誠者，非自成己而已也，所以成物也。」惟有誠才能認識宇宙萬物生長完成始終因果的道理，才能深切明瞭物之本然之性，與物和人的關係。否則卽不能認識人的本性，更不能明瞭物的本性，既不能明瞭物性，則物與人卽不發生關係。那麼物也就成了虛妄空幻了。故中庸又說：「誠者，物之終始，不誠無物。」又說：「成己仁也，成物知也。」大學格物致知之道，就是使人先要明瞭物的本性與生存律，而獲得眞切實在的知識。而後能徹悟明覺，因明存誠，由知達仁。大學第一章說：「物格而後知至，知至而後意誠。」我們認爲「格物致知」亦必須先存誠，不過「物格」「知至」而後更能存誠而已。因爲人性之善惡不同，有的是直覺的自發的存誠，有的是外鑠的被動的存誠。惟有直覺存至誠的人，才能徹底明瞭自己的性，充分發揮自己的性，能明瞭自己的性，也就能明瞭一切人的性；能明瞭一切人的性，也就能明瞭一切物的性，能明瞭一切物的性，那麼就可以贊助天地，化生萬物，與日月同其明，與天地合其德了。

「誠」是成聖人的根本，周子通書說：「誠者，聖人之本，大哉乾元，萬物資始，誠之源也。乾道變化，各正性命，誠斯立也焉，純粹至善者也。故曰，一陰一陽之謂道，繼之者善也，成之者性也。元亨誠之通，利貞誠之復，大哉易也，性命之源乎！」人所以能成聖者，就是因爲能夠盡性立命，能盡性立命便是「誠」的功用。例如孔子爲傳道遭陳蔡之厄而絃歌不輟；釋迦牟尼佛爲救渡眾生捨棄尊榮而苦行修煉；耶穌爲救世而揹十字架。這都是盡性立命的至誠的表現。因此他們才能成聖人。

至誠是不息的，是久遠的，是博厚高明的。故中庸說：「至誠不息，不息則久，久則徵，徵則悠遠，悠遠則博厚，博厚則高明。博厚所以載物也；高明所以覆物也；悠久所以成物也。」博厚高明可以配天地，悠久足以影響天下萬世而無窮。

因爲「誠」能使人「功贊化育」、「與天地參」，達到「萬物靜觀皆自得，四時佳興與人同」的境界，所以我說「誠」是天人一元的本體。

「誠」是宇宙的中心，沒有「誠」也就沒有宇宙，沒有萬物，沒有人類，沒有一切道德。故周子通書又說：「聖，誠而已矣，誠，五常之本，百行之源也。」往下我們再說明五常與「誠」的關係究竟是怎樣的。

(乙) 仁

「仁」字，朱熹註爲「心之德，愛之理。」卽善之根源，愛之本體。

「仁」與「愛」是一物的兩面，仁爲體，愛爲用。仁是內在的，愛是外在的。我們如果把「誠」與「仁」比就飛機上的機器的話，「誠」好像發動機，「仁」好像汽油，「愛」好像熱力。機器沒有發動機和汽油卽不會產生熱力，沒有熱力則各部分機件卽不能旋轉推動，機器不能轉動，那便成了死的機器。人必須發揮「仁」的善性，則人與人之間才能發生愛的熱力。有了愛的熱力，才能互助合作，親密無間，有溫暖，有生氣，使社會成爲眞正的有機體。反之，人與人不相愛，那麼社會便成了死板的、冷酷的群體了。

「仁」的功用不但能使人我如一，並且還能使人與天地萬物融爲一體。故孟子說：「親親而仁民，仁民而愛物。」由親親而及於物便是「仁」的功用的極致。程明道識仁篇說：「仁者渾然與物同體。」可見人能存仁，便覺萬物和我自己一樣了。

明王陽明大學問篇講「仁」的道理很精闢，我且引徵他的一段話以說明人與天地萬物爲一體的意義。他說：「大人者，以天地萬物爲一體者也。其視天下猶一家，中國猶一人焉。若夫間形骸而分爾我者，小人矣。大人之能以天地萬物爲一體也，非意之也，其心之仁本若是。……是故見孺子入井而必有怵惕惻隱之心焉，是其仁之與孺子而爲一體也，孺子猶同類者也。見鳥獸之哀鳴觳觫而必有不忍之心焉，是其仁之與鳥獸而爲一體也，鳥獸猶有知覺者也。見草木之摧折而必有憫恤之心焉，是其仁之與草木而爲一體也。……明明德者，立其天地萬物一體之體也。親民者，達其天地萬物一體之用也。故明明德必在於親民，而親民乃所以明其明德也。是故親吾之父以及人之父，以及天下人之父，而後吾之仁實與吾之父，人之父，與天下人之父而爲一體矣；實與之一體，而後孝之，明德始明矣。……君臣也，夫婦也，朋友也，以至於山川鬼神鳥獸草木也，莫不實有以親之，以達吾一體之仁，然後吾之明德始無不明，而眞能以天地萬物爲一體矣。……」人必須視人與天地萬物爲「一元」，而後才能以愛己之心推而愛天下之人，以愛天下之人之心推而愛天地萬物，能愛天地萬物，便可以算是「大仁」者了。

人類一切道德規律，都是爲發揮「仁」而設。故人生百行不能離開「仁」，離開「仁」，便是自私自利的行爲。程明道說：「義、禮、智、信，仁也。」孔子說：「人而不仁，如禮何？人而不仁，如樂何？」可見「義禮智信」也是爲的行「仁」，如果四者離開了「仁」，則卽失其「義禮智信」的意義了。例如親之愛子與子之孝親，必須動機發於「仁」，才能產生眞實的「慈」，眞實的「孝」。否則，動機在獲利釣名，別有所謂，那麼慈與孝便是自私的了。孔子說：「君子去仁，惡乎成名！君子無終食之間違仁。造次必於是，顚沛必於是。」因此我們說人生百行必須與「仁」融爲「一元」，才能算是眞正的道德行爲。有了眞正的道德行爲，才能算是有道德的君子。

何謂根本的「仁」的行爲呢？孔子說：「君子務本，本立而道生，孝悌也者，其爲仁之本與。」孟子說：「仁之實，事親是也。」又說：「未有仁而遺其親者也。」中庸說：「仁者人也，親親爲大。」在以家爲本位的社會制度之下，孝悌就是根本的「仁」的行爲。不孝不悌的人，以父兄之親還不能愛，當然不能愛別人，愛天地萬物。所謂「於所厚者薄，無所不薄也」。

論語曾子說：「夫子之道，忠恕而已矣。」所謂恕道也是由「仁」發出來的。人能行恕，便也是「仁」的行爲。故孔子說：「夫仁者，己欲立而立人，己欲達而達人；能近取譬，可謂仁之方也已。」想使自己能夠存在自立，也使別人能夠存在自立；想使自己學問事業有所成就，有所發展，也使別人的學問事業有所成就，有所發展，這就是恕心。恕心就是「仁」心，恕的行爲，就是「仁」的行爲。故孟子說：「強恕而行，求仁莫近焉。」

固然生是「天地之大德」，求生是人與生物的共通的本性。但人臨到大節的時候，需要拋頭顱，灑熱血，殉道，殉國，殉族，或殉人類，那麼就不能貪生怕死，必須犧牲小我，成全大我。這種犧牲小我，成全大我的行爲，不但是「義」的行爲，而且也是「仁」的行爲。故孔子說：「志士仁人，無求生以害仁，有殺身以成仁。」又曾子說：「臨大節而不可奪也，君子人與？君子人也。」惟有爲愛國、愛族、愛人類，能夠犧牲暫時的生命，才能完成其永久的偉大的「仁」。

上面已經說過，人生百行是不能離開「仁」的，離開「仁」便是自私，而作一個社會或國家的領袖，爲眾人服務，更不能離開「仁」，不但要存仁心，並且還要行仁政，否則卽不能得到群體分子的赤誠服從、擁護、愛戴。殷紂王所以成爲「一夫」，就是因爲他不能存仁心，行仁政，結果眾叛親離，社屋身死。孟子說：「離婁之明，公輸子之巧，不以規矩，不能成方員；師曠之聰，不以六律，不能正五音；堯舜之道，不以仁政，不能平治天下。今有仁心仁聞，而民不被其澤，不可法於後世者，不行先王之道也。」由此可知只有愛人的心，而沒有愛人的行，則群體既不能治，而人民也不能受其福利。必須「老吾老以及人之老，幼吾幼以及人之幼」，融「仁心」與「仁政」爲一元，則「天下可運於掌」，就沒有不可治的群體了。

「仁」必須直覺的發於「誠」，才能算是眞「仁」，如果是有所爲的，虛僞的，便是假

「仁」。例如春秋宋襄公、宋朝趙匡胤、及梁山泊宋江，後人都說他們是「假仁」，就是因爲他們對人的愛，不是直覺的，不過以愛作爲自利的手段而已。所以我們認爲「仁」與「誠」也必須融爲「一元」，才能發生眞純的愛，有了眞純的愛，則群體才能建立密切膠著的關係。

（丙）義

自來關於「義」字有很多不同的解釋，如易經說：「義者，利之和。」就是說「義」是化小利爲大利，化近利爲遠利，化私利爲公利，化暫時的利爲永久的利。大學上說：「不以利爲利，以義爲利也。」也是說不以私利爲利，而以天下之公義爲利的意思。「義」又作至當解。如周敦頤說：「義，宜也。」朱註論語也說：「義，事之宜也。」「義」還含有善的意思。如詩經：「宣昭義問」；論語：「君子喩於義」，「君子義以爲質」，「君子義以爲上」。又作道理解，如孟子：「舜明於庶物，察於人倫，由仁義行，非行仁義也。」又說：「義，人路也。」至行過人也稱「義」，如孟子：「生，亦我所欲也，義，亦我所欲也，二者不可得兼，舍生而取義者也。」禮記經解：「除去天地之害謂之義。」歸納起來，可以分爲兩種意義：㈠「義，宜也。」「君子義以爲質。」「義，人路也。」可謂消極的義。㈡「義者，利之和。」「舍生而取義。」可謂積極的義。

我們認爲「五常」的「義」，應該屬於積極的範圍。積極的「義」，是「以德報怨」的，

「抑強扶弱」的，「舍己爲人」的。因爲這種行爲標準，雖不合乎「中庸」，但在某一方面卻比中庸的道德規律所規定者爲高。所以我們說「五常」的「義」，是超中的道德。凡是有超中的道德者，都稱爲「義」。

例如史記伯夷列傳說：「伯夷叔齊，孤竹君之二子也。父欲立叔齊，及父卒，叔齊讓伯夷，伯夷曰，父命也，遂逃去。叔齊亦不肯立而逃之，國人立其中子。於是伯夷叔齊聞西伯昌善養老，盍往歸焉。及至，西伯卒，武王載木主，號爲文王，東伐紂。伯夷叔齊叩馬而諫曰：父死不葬，爰及干戈，可謂孝乎？以臣弑君，可謂仁乎？左右欲兵之。太公曰：此義士也，扶而去之。武王已平殷亂，天下宗周，而伯夷叔齊恥之，義不食周粟，隱於首陽山，采薇而食之，及餓且死。」

按說，孤竹君遺命傳位與叔齊，叔齊遵命受之，乃是理之當然。叔齊不受而讓伯夷，伯夷以老大哥的身份受之，亦是理之當然。但他們兄弟二人爲著手足之情，全都不受，並且逃奔他方，這就是超中的道德行爲。

伯夷叔齊本是孤竹君的子民，而不是殷紂王的子民。武王伐紂，照道理講，旣與孤竹國無關，他們兄弟本不必干涉。然而他們爲要維繫「仁孝」的社會道德，故不惜冒死叩馬直諫。這也是超中的道德行爲。

伯夷叔齊諫諍武王，武王不聽，他們兄弟不作周家的官已就屬難能可貴了，而又「不食周粟」，「及餓且死」，此更可以說是超中的道德行爲。因爲他們這種道德行爲，全都超過社會所規定的道德標準，所以太公稱之謂「義士」。後來他兄弟餓死在首陽山，史記又叫「義不食周粟」。

又如戰國時秦王想稱帝，怕諸侯不承認，所以先以武力壓迫趙國。當趙王將要承認秦王稱帝的當口，適逢魯仲連遊趙，他因平原君之介告魏將軍辛垣衍說：「世以鮑焦無從容而死者，皆非也。今衆人不知，則爲一身。彼秦棄禮義，上首功之國也；權使其士，虜使其民，彼則肆然而爲帝，過而遂正於天下，則連有赴東海而死耳，吾不忍爲之民也。……」後來秦兵撤退，平原君要封魯仲連，魯仲連辭讓再三，終不肯受。平原君於是置酒，又送他千金，魯仲連笑道：「所貴於天下之士者，爲人排患釋難解紛亂，而無所取也。即有所取者，是商賈之人也，仲連不忍爲也。」遂辭平原君而去。

在戰國時代，一般游士，甲國人作乙國的臣民，好像是極平常的事。如吳起、孫臏、范睢、馮瑗、百里奚、伍員、蘇秦、張儀之流，他們似乎都沒有什麼國家觀念；而且那時的社會也並不以甲國人作乙國的臣民爲不道德。魯仲連雖也是游說之士，但他卻具有濃厚的國家觀念，願赴東海而死，也不作秦國的臣民。並且那時一般游說之士，僕僕風塵，游說諸侯，大多志在博取一官半職，謀得自己的溫飽，而魯仲連有功於趙國，獨以受封重賞爲可恥，他這種行爲也全都超過那時社會所規定的道德標準，因此國策上稱他爲「義不帝秦」。

又如左傳上所載，春秋時衞莊公的公子州吁與石碏的兒子石厚，驕奢淫佚，無惡不作，後來竟然把桓公弒了。石碏不忍以父子之私親而滅君臣之大義，於是便殺了自己的兒子。按說在以家爲本位的社會中，親父殺子也是不道德的行爲。不過石碏認爲臣之忠君有重於父之愛子，在二者不能兼顧之下，就不得不棄其慈德而全其忠德。他這種行爲也是超乎社會道德規律所規定者。殺子全忠，雖不合乎中庸之道，但他所採的道德標準，是較高一層的，故左傳美之曰「大義滅親」。

又如墨子所載公輸盤替楚國造雲梯已成，將要攻宋，墨子便急忙從魯國往楚國去。「裂裳裹足日夜不休」，走了十天十夜到了郢見公輸盤 ，指斥楚國攻宋之不仁不義。並「解帶爲城，以牒爲械；公輸盤九設攻城之機變，墨子九拒之。公輸盤之攻械盡，子墨子之守圉有餘。公輸盤詘。」楚王遂不攻宋了。墨子不辭跋涉，不惜生命，而以片言救了宋國，這種「摩頂放踵爲之」的精神，也是「義」的表現。

又如第六章第二節所引後漢書上的遼西太守趙苞與鮮卑戰，爲忠於國家，不顧私恩，而爲母妻招了「殺身之禍」一段史實。苞在忠孝不能兩全的矛盾之下，終於損親以全忠，這也是超中的「義」的行爲。苞母既不是政府的官吏，卽沒有殉國的義務，而她居然以王陵母爲法，不惜犧牲自己的生命，以完成其兒子的忠節，眞可謂「捨生取義」者了。

又如三國劉備、關羽、張飛三個人在桃園燒香磕頭拜把子，當時明誓說「不求同日生，但願同日死。」後來果然關羽張飛先後都爲他們的盟兄劉備而犧牲，劉備也爲他的盟弟復仇而折兵損將死在白帝城。雖然不是同日死，但總算沒有食了在桃園磕頭時候的誓言。

又如在春秋燕國有個羊角哀和他的知己朋友左伯桃一同到楚國去，中途適逢大風雪，天寒糧少，不能前進。伯桃於是將衣服食糧，全給角哀，叫他獨往。自己卻避在樹洞裡餓死。後來角哀到楚國作了上大夫，才備禮來埋葬他。

「朋友有信」，固然是古書上有明文規定的道德規律之一，但朋友殉交，在經典上卻並沒有此項教條，而劉關張與左伯桃竟能視異姓兄弟如同胞手足，不惜犧牲自己生命以成全朋友的事功，這種道德行為，自然也是超中的了。因此，三國演義美之曰「桃園三結義」；小說家謂左伯桃為「捨命全交」。

又如中國舊小說大八義、小八義、七俠五義、兒女英雄傳等書上的人物，大都是「仗義疏財」，「抱打不平」，專為弱者伸冤除害。如十三妹施恩拒報，確是非常人的行為。因為他們的行為是合於「義」的，所以也叫他們這些人曰「俠義」。

歷史與小說中如以上「義」的事例很多，實不勝枚舉。孔子說：「與其不得中庸，必也狂狷乎。」又說：「狂者進取，狷者有所不為也。」兒女英雄傳安老爺說：「凡是俠義一流人，都有一團至性，一副奇才，作事要比聖賢還高一層。」此正可以說明「義」的意義。

狂狷的行為雖不合於中庸，但是合於「義」的行為。義是發於至性的，故義之為德，在積極方面看，比聖人所行的「中庸」之道還高一層呢。

「義」在縱的方面是與「誠」融爲「一元」的，沒「誠」則「義」卽無由發生；在橫的方面是與「仁」融爲「一元」的，無「仁」則「義」也無從表現。

(丁)禮

禮記上說：「禮者，履也。」就是人生必須踐履的一種法式。孔子說：「禮也者，理也。」亦是人生合理的行爲。我們更具體一點說，禮就是古代一切社會「約定俗成」的人之行爲的規律。

古今中外，無論那一種民族，那一個國家，都有他自己的一套「禮」。儘管「禮」的形式不同，但是「禮」的意義則是「一元」的。

關於「禮」的起源，荀卿認爲在弭爭防亂。管仲也說：「禮義廉恥，國之四維。」把「禮」當就維持社會秩序的工具。他們二家都是從消極方面立論的。我們認爲「禮」是一種藝術，它不僅在消極方面「弭爭防亂」，「維持社會秩序」，而且還在積極方面「復性節情」，美化人類的思想和行爲。

中國儒家的人生哲學是倫理的，其基本觀念是：「君君，臣臣，父父，子子，夫夫，婦婦。」他們認爲想建設一個美善的理想的社會，必須先美化人的行爲，想美化人的行爲，又必須先涵養人的美善的品性。所以他們制禮作樂，提出「以禮樂治天下」的口號，對於處世接物，冠婚喪祭等各方面，「非禮勿視，非禮勿聽，非禮勿言，非禮勿動。」就是「一舉一動，一顧一盼，極細微的節目，也莫不有嚴格的規定。

聖人制禮是爲的「養人之欲，給人之求。」並不是教人不言不動，都成「槁木死灰」。所以禮記上說：「禮義之經也，非從天降也，非從地出也，人情而已矣。」戴東原說：「禮者，至當不易之則。凡意見稍偏，德性未純，皆已與天下阻隔之端。能克己以還其至當不易之則，斯不隔於天下。」可見「禮」並不是桎梏人情人性的枷鎖。

儒家的「禮」的意義，非常廣泛。除風俗習慣、文物制度外，更包括政治、法律、教育等。他們認爲天下雖大，人民雖眾，但各個人如果都把握著「禮」的重點，養成倫理的習慣，則一切問題都可以「迎刃而解」了。所以就把「禮」看就協調人事，平治天下的「不二法門」。禮記坊記說：「禮者，因人之情而爲之節文，以爲民坊者也。」又禮運說：「禮者，君之大柄也，所以別嫌、明微、儐鬼神、考制度、別仁義，所以治政安君也。」又說：「孔子曰：夫禮，先王以承天之道，以治人之情，故失之者死，得之者生。……故聖人以禮示之，故天下國家可得而正也。」何謂人情呢？就是「弗學而能」的「喜、怒、哀、懼、愛、惡、欲」七者。「飲食男女，人之大欲存焉；死亡貧苦，人之大惡存焉。」欲與惡是兩種極端衝突的心理，和極端矛盾的情緒。想用一種工具使衝突化爲協調，矛盾歸於統一，捨「禮」便沒有別的方法了。

中國各種古禮，不但方式不同，而且意義也不一樣。禮記經解說：「朝覲之禮，所以明君臣之義也；聘問之禮，所以使諸侯相尊敬也；喪祭之禮，所以明臣子之恩也；鄉飲酒之禮，所以明長幼之序也；婚姻之禮，所以明男女之別也。夫禮禁亂之所由生，猶防止水之所自來也。」又仲尼燕居上說：「郊社之禮，所以仁鬼神也；嘗禘之禮，所以仁昭穆也；饋奠之禮，所以仁死喪也；鄉射之禮，所以仁鄉黨也；食饗之禮，所以仁賓客也。」

在儒家看「禮」之效好像「萬靈丹」，可調陰陽，能卻百病。效之所及，無往而不善。請看禮記經解上說：「禮之於正國也，猶衡之於輕重也，繩墨之於曲直也，規矩之於方圜也。故衡誠懸不可欺以輕重；繩墨誠陳不可欺以曲直；規矩誠設不可欺以方圜；君子審禮，不可誣以姦詐。是故隆禮由禮，謂之有方之士；不隆禮不由禮，謂之無方之民。敬讓之道也，故以奉宗廟則敬；以入朝廷則貴賤有位；以處室家則父子親，兄弟和；以處鄉里則長幼有序。孔子曰：安上治民，莫善於禮，此之謂也。」孔子認爲負政治責任的人如果明白禮義之道，那麼治理國家人民，就易如「反掌」。所以他在禮記仲尼燕居上說：「明乎郊社之義，嘗禘之禮，治國其如指諸掌而已乎。是故以之居處有禮，故長幼辨也；以之閨門之內有禮，故三族和也；以之朝廷有禮，故官爵序也；以之田獵有禮，故戎事閑也；以之軍旅有禮，故武功成也。是故宮室得其度，量鼎得其象，味得其時，樂得其節，車得其式，鬼神得其饗，喪紀得其哀，辨說得其黨，官得其體，政事得其施；加於身而錯於前，凡眾之動得其宜。」荀子上也說：「凡用血氣志意知慮，由禮則治通，不由禮則悖亂提慢；食飲衣服，動靜居處，由禮則和節，不由禮則觸陷生疾；容貌態度，進退趨行，由禮則雅，不由禮則夷，固辟違違，庸眾而野；故人無禮則不生，事無禮則不成，國家無禮則不寧。」由此可知人如眞能「知禮」「行禮」，則一切行爲就沒有不得當的了。

如果一國的人民都不知「禮」行「禮」，或者是「禮崩樂壞」，在儒家看來，這是極可怕極嚴重的事，則一切都要發生紊亂，成爲無秩序的狀態，必然會給國家人民種下無窮的禍患。故經解上又說：「以舊坊爲無所用而壞之者，必有水敗；以舊禮爲無所用而去之者，必有亂患。」又說：「婚姻之禮廢，則夫婦之道苦，而淫辟之罪多矣；鄉飲酒之禮廢，則長幼之序失，而爭鬥之獄繁矣；喪祭之禮廢，則臣子之恩薄，而倍死忘生者眾矣；聘覲之禮廢，則君臣之位失，諸侯之行惡，而倍畔侵陵之敗起矣。」禮記仲尼燕居上又說：「君子有事必有其治，治國而無禮，譬猶瞽之無相與，倀倀乎其何之？譬如終夜有求於幽室之中，非燭何見？若無禮則手足無所措，耳目無所加，進退揖讓無所制。是故以之居處，長幼失其別，閨門三族失其和，朝廷官爵失其序，田獵戎事失其策，軍旅武功失其制，宮室失其度，量鼎失其象，味失其時，樂失其節，車失其式，鬼神失其饗，喪紀失其哀，辨說失其黨，官失其體，政事失其施，加於身而錯於前，凡眾之動失其宜。如此則無以祖治於眾也。」

「禮」是儒家治天下的規矩繩墨，也是導民向善的橋樑寶筏，眾人守之，那麼國家就可以「治」，眾人違之，那麼國家就必要「亂」。

在前面已說過「禮」是一種藝術，其積極的功用，能使人的行爲達到美善的境界。但行爲的美善必須由誠懇的敬愛的溫情中表現出來。故禮記禮器上說：「君子之於禮也，有所竭情盡慎致其敬而誠若，有美而文而誠若。」語云：「誠於中，形成外。」「禮」必須與「誠」融爲「一元」，才能有和愛莊敬的表現。如果「禮」沒有誠意，便不能表現出來和愛莊敬的美善的行爲。那麼「禮」便成了繁瑣的虛文和無意義的舉動，至於「復性節情」更無論了。

(戊) 智

此一「智」字，通常作爲「深明事理」解；或箇釋爲「明智」。包含先天的智慧，和後天的知識。與第四章第七節所講的「智」專屬於先天者不同。

「智」是從那裡來的呢？一方面是來自先天的智慧，一方面是來自後天的知識。先天的非人力所能求，後天的是由學而獲得。故中庸上孔子說：「好學近乎智。」人必須「學」而後才有知。知之最重要者是什麼呢？就是孔子所說的：「知所以修身，知所以治人，知所以治天下國家」的道理。

必須智慧與知識融爲「一元」，才能夠對於是非善惡，和其他一切事理有清清白白的辨別。有智慧沒有知識，猶之乎未灌水銀的玻璃，雖明而不能照物，有知識沒有智慧，猶之乎失掉南針的海船，雖行進但莫辨方向。所以必須有慧有知，才能成「智」。

例如眞心學佛的人，跪在佛前，發「宏誓大願」要「救渡眾生」，這是「慧」的表現。但只有「慧」而沒有知識，縱使「悲願」再大，也不容易達到目的。所以必須要進一步廣聞佛法，博覽經典，多知道一些善惡的道理，和修養的方法，藉著知識以光大「慧」的力量。然後才能撐著「寶筏」把眾生從「迷津」渡到「覺岸」。我們借佛家的術語來說「知識」就是「慧」的「增上緣」（助力）。

因為「智」是「知」與「慧」的綜合體，是純善的，所以聖人在「三達德」和「五常」裡也給它安排一個重要的位置。我們已經說過「仁」、「義」、「禮」，是由「誠」產生出來的，而「智」當然也是「誠」的親生兒女。如果沒有「誠」，也就沒有「智」。所以中庸上說：「誠則明矣。」「明」卽是「智」，「明」既與「誠」是「一元」的，那麼「智」與「誠」當然也是「一元」的。

我們既認為「智」與「誠」是親子的關係，那麼也可以說「智」與「仁」、「義」、「禮」、「信」，是手足的關係。他們五個同胞兄弟必須互助合作，不能各個自立。否則，全不能存在。例如「仁」的功用在「親親而仁民，仁民而愛物。」如果不明白「親親」、「仁民」、「愛物」的道理，便不能發揮「仁」的功用。所以大學之道「致廣大而盡精微」。其大用在治國平天下，其微言在格物致知。使人澈底明瞭宇宙一切事物千變萬化的現象，和各種相互因果的關係，以及迎拒取捨的道理，而獲得眞正純粹的知識。而後才能大徹大悟，自「明」成「智」，以「智」輔「仁」。

前文已經說過，「義」的功用是「捨己爲人」。如果不明白「捨己爲人」的道理，徒然盲目的犧牲自己，就不能成其爲「義」，充其量只能成其「小義」，而不能成其「大義」。例如「其父攘羊，而子證之」這種舉動，不但不算「義」的行爲，反而成了違反「義」的行爲了。像那偷羊人的兒子就是因爲不明白行義的道理，沒有辨別是非的「智」，所以他父親偷別人的羊，他不但不爲父隱，而且檢舉他的父親。又如三國演義裡關公「義釋華容」那件事，我們相信不會有那種事實。如果眞有其事的話，關公身爲西蜀大將，陣前私放敵方統帥曹操，市私恩而滅大義，那就太不「智」了。因此我們說「義」是離不開「智」的，離開「智」，「義」就不能成立了。

「禮」也是離不了「智」的，所以儒家制定「三禮」說明禮的意義和禮的形式，使一般人都能明白禮的道理，得到關於禮的一切知識。必須依照「禮」的道理以行禮，才能發揮「禮」的功用，達到「禮」的目的。否則，不明白「禮」的意義，沒有「禮」的知識，盲目的行禮，則必不失於簡，便失於繁；不失於諂，便失於慢，不能「中節」「合度」，那就失掉「禮」的意義了。例如論語上說：「孔子謂季氏，八佾舞於庭，是可忍也，孰不可忍也。」季氏就是因爲不明瞭「禮」的意義，所以才越禮犯分，而招孔老夫子的不滿。由此可知「智」之與「禮」是如何的重要了。

「信」可以不要「智」麼？「信」也是需要「智」的，「信」沒有「智」，信便成了「小信」，或者是「不信」。所以也必須把「信」的道理弄明白，有了「信」的知識，而後才眞能對人講信、守信、有信。「人而無信」固然是不道德，但「言必信」，也不見得就是「君子」。論語孔子說：「言必信，行必果，硜硜然，小人哉！」這就是對一般專注重「小信」不瞭解「大信」的人的「當頭棒喝」。例如三國演義蜀諸葛亮守西城，魏將司馬懿率兵去攻，因爲西城蜀兵少，無力守禦，諸葛亮忙中設了一個「空城計」，佯作無備，使敵人信其有備。而不攻自退。(按三國志無此說。)如果諸葛亮對司馬懿講信，則西城必不能守。那麼不但是不智，而且也大不信於國人。又如東晉孝武帝太元八年西秦苻堅，率八十萬兵大舉犯晉。晉將謝玄率數千人拒之於淝水。因爲雙方兵力，眾寡懸殊，玄深恐不敵。乃設計使秦兵撤渡淝水，及渡至中流，玄引軍痛擊。以「排山倒海」之聲勢，把秦兵打得「潰不成軍」，誤認「風聲鶴唳，草木皆兵」。結果大敗而逃。如果謝玄對苻堅信實的話，那麼秦軍一定渡江南進，不但晉朝的國都不能保，而司馬氏偏安之局也就要從此結束了。諸葛亮與謝玄，惟有不信於敵人，才能大信於國人，這種「大信」，正是他們高度的「智」的表現。

由以上許多例證可以知道「智」在五常裡邊的重要性，同時還可以深切的認識「智」不但與「誠」需要是「一元」的，而且與「仁」、「義」、「禮」、「信」也必須是「一元」的。

(己)信

何謂「信」呢？信就是誠實不欺。言顧行，行顧言，使言行融爲「一元」，沒有乖戾，沒有欺詐便是「信」。自己心裡所想的與口裡所說的，「若合符節」，是對己的「信」；口裡所說的與做出來的「若合符節」，是對人的「信」。「信」是人與人交接共事的關鍵，沒有「信」便不能行事。所以孔子說：「人而無信，不知其可也；大車無輗，小車無軏，其何以行之哉？」「信」也是由「誠」產生出來的。無「誠」卽不能有「信」。並且「信」與「仁」也是不能分開的。信而不仁，則信便沒有價值。儒家「仁恕」之道，以孝悌爲起點，而以「忠信」爲中心。論語孔子說：「主忠信。」又答子張說：「言忠信，行篤敬，雖蠻貊之邦行矣。」「忠則人與之，信則人恃之。」人與人講信實，則一切事自然都可以行得通了。

「朋友有信」雖列爲中國道德規律中五倫之一，但「信」的適用範圍很廣，不只限於朋友。如長官與僚屬，政府與人民，親子、夫婦、兄弟、主工之間也莫不需要有「信」。

「信」的意義還可以分兩方面來說，一方面是自信，就是自己的一切言行，先要樹立信用，不但使自己相信自己，而且也能取得他人的相信。一方面是信人，對於別人的言行，如認爲沒有悖謬，那麼便可以相信，不必多疑。例如後漢書范式傳說：「范式少游太學，與汝南張劭爲友，並告歸鄉里，式謂劭曰：後二年當過拜尊親，乃共尅期日。至期，劭白母設饌候之。其日式果到，升堂拜母而飲。」因爲張劭平時「言而有信」，所以范式才相信他不會失期爽約。人必須相信，才能相諒，能相諒，才能相愛，能相愛，則社會才能相安，所以孔子說：「民無信不立。」就是這個道理。

群體之間在橫的方面是需要建立互信的，在縱的方面政府與人民間互信之建立尤其需要。子夏說：「君子信而後勞其民，未信則以爲厲己也；信而後諫，未信則以爲謗己也。」所以法家主張治民要「信賞必罰」。例如史記載：「（商君）乃立三丈之木於國都市南門募民。有能徙置北門者予十金。民怪之，莫敢徙。復曰，能徙者予五十金，有一人徙之，輒予五十金，以明不欺。」因爲商君要樹信於民，所以才有這種「耍猴子」的舉動。

又如諸葛亮平南蠻，對於蠻主孟獲，七擒七縱。結果孟獲終於降蜀。因爲諸葛亮能樹大信於蠻貊，所以卽是強悍之孟獲，也不能不相信他，歸服他。

又如新唐書載：「唐太宗之六年，錄大辟囚三百餘人，縱使還家，約其自歸以就死。其囚及期，而卒自歸無後者。太宗復赦之遣回鄉里。」因爲太宗相信犯人，所以才敢開獄釋放他們。而犯人也相信太宗有仁德，所以才如期歸案。

政府與人民必須互相信任，才能精誠團結，合作無間，否則，横生疑忌，則叛亂或革命的事就要層出不窮了。

群體互助合作，全賴各個分子都有崇高偉大的信用。否則「爾詐我虞」，以欺騙撒謊爲能事，那麼群體必不能維繫。西哲康德（Kant）曾舉例說：「有人爲想避免急難，隨便對人撒謊。這樣果眞對於自己有利麼？要知目前有了急難，撒謊未必就可以避免吧！而一旦失信於人，其所遺的後患，恐怕比現在所求避免的急難還更厲害呢。如此說來，還不如篤守忠信，養成不欺詐，不虛僞的美德爲有利的。……試問像我這樣虛僞的撒謊，普遍的發展下去，我能問心無愧麼？不過使他人以我撒謊欺騙的方法報復我而已。結果失敗一定是毫無疑問的。」孔子說：「人之生也直，罔之生也幸而免。」人是需要眞誠正直的，罔曲撒謊的人，即如眼前佔點小便宜，也不過憑著一時的僥倖，是不足爲訓的。

因此我們認爲不但人的思想與言語需要融爲「一元」，而言語與行爲也必須融爲「一元」。有了一元的思想、言語和行爲才能樹立「信」的人格，有了「信」的人格，才能信於人，信於群體，信於天下。

(庚) 義

前文已列表說明「仁義禮智信」五常必須發於「誠」，歸於「義」。此節所講之「義」，即是「五常」所歸之「義」，亦即「事之宜」之「義」。

凡人的一切思想、言語、行爲，全都合理得當，應當如此而如此者，就叫做「義」。五常發於「誠」不歸於「義」即不能成其爲五常之德。玆再分別明之：

第一、「義」與「仁」的關係。「仁」之用是「愛」，故孔子說：「仁者愛人。」「愛人」雖是美德，但「愛」必須歸於「義」，合乎理，則愛才有意義，才有價値。如親之愛子爲人之本性，但也必須歸於「義」，合乎理。合乎理者叫「義方」，不合乎理者叫「溺愛」。前者如孟母之與孟子，後者如武姜之與共叔段。君之愛臣也必須歸於「義」，合乎理。合乎理者叫「信任」，不合乎理者叫「寵幸」。前者如商湯王之與伊尹，周文王之與呂望，周成王之與周公，秦穆公之與百里奚、蹇叔，晉文公之與趙衰、荀息，漢光武之與鄧禹，唐太宗之與魏徵；後者如周威王之與滑伯，鄭子陽之與公孫申，陳靈公之與公孫寧、儀行父，楚靈王之與芋尹、申亥，齊桓公之與豎刁、易牙。君對於臣愛之以「信任」的，則國富兵強；愛之以「寵幸」的，則身死國亡。朋友之愛也必須歸於「義」，合乎理。合乎理者叫「君子之交」，不合乎理者叫「狐群狗黨」。前者如管仲之與鮑叔，後者如蔡京之與童貫。

不但對人之愛需要「歸於義」，合乎理。而對物之愛也必須「歸於義」，合乎理。如有些人愛獸則縛之，愛鳥則寵之，愛花則折之；因爲愛的不合理，結果「愛之反而害之」。所以「仁」必須歸於「義」，否則，便失其所以爲「仁」了。

第二、「義」與義的關係。我們雖是認爲「義」是「捨我爲群」、「行俠作義」，超中的道德，但這種「義」也必須歸於「義」，合乎理。例如水滸上的三十六天罡，七十二地煞，「抑強扶弱」，「抱打不平」，發揮正義感，固然算得「義」的行爲，但有時「打家刼舍」，「殺人放火」，把正義感發揮的太過火，不合理，那只能算是強盜的行徑，而不能算是「義」的行爲了。

又如春秋楚國伍子胥爲父報仇出奔吳國，可以算是「義」的行爲，但他假寇兵而滅宗邦，爲目的不擇手段，志雖爲父報仇，但也不算「義」的行爲了。

又如「見孺子入井」，而動惻隱之心忙去救他，此也可以算是「義」的行爲。但如果不思救人的方法，而逕下井救人，結果不但不能把小孩子救活，反而自己也溺斃於井中，那麼此「捨己救人」的「義」就不合乎理了。

所以我們認爲「義」的行爲不能爲達目的，不擇手段，目的固要歸於「義」，而手段也必合乎理，而後「義」才至當、圓滿。否則，「義」即成了鹵莽滅裂無價值的舉動。

第三、「義」與「禮」的關係。宇宙間一切事物沒有一成不變的，「禮」當然也不能例外。中國古代雖有經禮三百，曲禮三千，有大有小，有顯有微，大者不可損，小者不可益，顯者不可揜，微者不可大；但全是因時制宜，因人制宜，因地制宜，因物制宜；所謂「制宜」，就是以歸於「義」爲主。所以禮記上說：「禮，時爲大。……三王異世，不相襲禮。」又說：「禮之所尊，尊其義也；失其義，陳其數，祝史之事也。」又說：「禮也者，義之實也；協諸義而協，則禮雖先王未之有，可以義起也。」可見「禮」並不是一套永遠不變的刻板的虛文與儀式。

「禮」既是因時制宜，當然有經有權，有常有變，孟子說：「執中無權猶執一也。」淳于髡問：「男女授受不親，禮與？」孟子答道：「禮也。」淳于髡又問：「嫂溺援之以手乎？」孟子答道：「嫂溺不援是豺狼也。男女授受不親，禮也；嫂溺援之以手，權也。」嫂溺從權援之以手，因時制宜，正是「禮」歸於「義」，達乎情，合乎理的表現。如果拘泥常禮，見嫂溺而不救，不惟失其禮的意義，亦且是不仁不義不智，豈是知禮者應有的態度麼？

人與人相接觸，無禮固不可，然而行不中禮亦不可。所謂中禮就是歸於「義」，合乎理，無太過，亦無不及。如行不中禮，不是失之「倨傲不恭」，便是失之「婢膝奴顏」；這兩種態度都是要不得的。故孔子說：「敬而不中禮謂之野；恭而不中禮謂之給；勇而不中禮謂之逆。」禮必須發於「誠」，歸於「義」，三者融爲「一元」，才能成其體，顯其用；否則便成爲支離破碎的繁文縟節了。

第四、「義」與「智」的關係。在本章第五節已經說過，人之凡百施爲都是離不開「智」的。故「智」發於「誠」，也必須歸於「義」。「智」不歸於「義」，我們只能說它是「聰明」或「知識」，而不能承認它是「智」。因爲五常的「智」，包含有最重要的「慧」的成分。「慧」是純善無惡的，先天的聰明與後天的知識必須受「慧」的指揮，才能歸於「義」，成其爲「智」。

例如古今中外聖賢豪傑，把他們的聰明知識全用在淑世利人的事業方面，就是「智」歸於「義」的表現。孔子說：「智者利人。」凡是能「利人」者，就是「智者」。又如大科學家發明電燈、火車、汽車、飛機、輪船，供人享用，增加生活幸福，自然這也是「智」歸於「義」的表現，可以稱得爲「智者」。但發明科學化的武器作爲野心家征服或侵略弱小國家的工具，殺傷生命，減少人類幸福，使「智」不能歸於「義」，即如他「學富五車，才高八斗」，有萬能的腦和手，也不能給他戴這頂「智者」的「皇冠」。

周敦頤說：「心地不正，讀書則是假寇兵齎盜糧。」我們也可以說人有聰明知識不歸於

「義」，卽猶之乎給盜跖增加了很多殺人的利器，使他更有所恃，更能多殺「不辜」。因此可知「義」與「智」必須融爲「一元」，而後「智」對於人生才有貢獻。

第五、「義」與「信」的關係。「信」與「禮」都是有經有權，不是不可以通融的。亦當因時制宜，因地制宜，因人制宜，但求守常達變，壹歸於「義」而已。

例如我們在本章第五節所舉諸葛亮設「空城計」而退魏兵；淝水之戰，謝玄「以弱克強」，「以寡勝多」的例證。他們雖不信於敵人，卻大信於國人。如果他們對敵人說實話，守常信，還能卻敵制勝麼？如果不能卻敵制勝，還會大信於國人麼？他們能夠通權達變，不拘泥，才正是「信」歸於「義」的表現。

又如甲國和乙國作戰，甲國的人爲守常信對乙國洩露了本國的軍事祕密，那麼便成了國奸，一定要爲國人所共棄，或者受嚴厲的制裁。對人講信說實話，雖然是道德，但對敵人說實話是不道德的。爲什麼算是不道德呢？就是「信」沒有歸於「義」啊。

孔子說：「父爲子隱，子爲父隱。」爲父親的要爲兒子掩飾過失，爲兒子的要爲父親掩飾過失。如果父子拘守常信，不能相隱，都一五一十的坦白的實告別人，以宣揚自家人的醜惡，那麼必然要傷父子的恩情。孟子說：「父子不責善，責善則離，離則不祥莫大焉。」在以家爲本位的社會，父子傷了感情，脫離關係，實是家庭一件極不幸的事。所以「父爲子隱，子爲父隱。」雖對別人不信實，但這是「因人制宜」，正是「信」歸於「義」的表現。必須「信」歸於「義」，才能達乎情，合乎理。

由以上各種例證可以知道「仁義禮智信」五常與「誠」與「義」，是有密切的關聯不可分的。五常必須發於「誠」歸於「義」，融爲「一元」，才能成爲圓滿的道德規律。

第五節 道德原則與行為術一元化

道德又可以分最高的原則，次高的原則，和行爲術三類。最高的原則就是有利於群體的諸德之源，如前文所講的「仁義禮智信」五常，「行諸百世而不謬，推諸四海而皆準」，沒有時間性空間性者。次高的原則如「忠君」、「愛國」與婦女「守節」等，有時間性空間性者。在君主政體的國家，有君可忠，在民主政體的國家雖仍講「忠」之理，但「忠君」之名已不存在了。在世界尚未大同以前，國家畛域未泯，各國國民固不能不愛護他自己的國家，更不能不以「愛國」爲道德；如果世界眞能大同，以四海爲一家，化吳越爲兄弟，「愛」之理雖存，而「愛國」卽爲無意義的名詞了。在以家本位的社會裡，丈夫死了，其婦撫孤守節，繼承丈夫與家立業，固然算是道德的行爲。但在以社會爲本位的社會裡，婦女由「家裡人」變成「社會人」，自己有獨立的經濟，可以過獨立的生活，與男子有同樣的地位。丈夫死了，卽不守節，改嫁別人，也不至影響丈夫的一切，自然「守節」也不算是道德的行爲了。

行爲術是告訴人如何行爲的具體方法。如儀禮十七篇所講的處世接物，愼終追遠的一切規矩；冠禮應該怎麼樣，婚禮應該怎麼樣，行路應該怎麼樣，居處應該怎麼樣，也是有時間性和空間性者。

在古代應該如此行，需要如此行，在現代卽不一定應該如此行，需要如此行；中國人應該如此行，需要如此行，歐美人卽不一定應該如此行，需要如此行。如中國從前「男女授受不親」，現在男女可以在街上「攜手同行」。從前男女訂婚憑「父母之命，媒妁之言」，現在男女雙方同意便可結爲夫妻。由此可知道德除最高的原則而外，都不是一成而不變的。

道德又分私德與公德。何謂私德呢？私德就是「獨善其身」的行爲規律。如尙書臯陶謨之九德，洪範之三德，論語所謂「溫良恭儉讓」，大學所謂愼獨戒欺，中庸所謂好學知恥，孟子所謂存心養性，都是修養個人品格的條件。

何謂公德呢？公德就是相與爲善的行爲規律。如「敦睦九族，協和萬邦」；「交相利，兼相愛」；「親親而仁民，仁民而愛物」；「老吾老以及人之老，幼吾幼以及人之幼」及「尊重秩序」，「尊重自由」，「尊重眞理」等。這都是淑世利人的公德條件。

人生活於群體，私德固甚重要，而公德尤不可缺少。故梁任公說：「無私德則不能立，合無量數卑汚、虛僞、殘忍、愚懦之人，無以爲國也；無公德則不能團，雖有無量束身自好、廉謹、良愿之人，仍無以爲國也。」

無論那一種社會群體，凡是道德規律、行爲術、國民性、公德與私德，及時代與社會環境，融爲「一元」沒有矛盾者，便是完滿的道德規律。凡是群體分子的思想、言論和行爲，與完滿的道德規律融爲「一元」沒有矛盾者，便是最健全的分子。凡是群體各個分子的思想、言論和行爲，都能與其群體所規定的道德規律融爲「一元」沒有矛盾者，必然是最和諧，最安定，最有秩序的群體。

第十章　宗　教

何謂宗教呢？宗教就是有教主，有規儀，有信條，富於啓示性，神祕性的社會教育。雖然希臘哲學家歐梅勒斯（Euemerus）認爲宗教的起源是在崇拜死者的靈魂，但無論那一種宗教的發展，都不外乎實踐、熱情及理論三種原素。宗教必須要有一套特殊的道德規律，以爲施教的準則；必須制定一種莊嚴肅穆的儀式，以激發信眾們無上的虔誠，和熱烈的感情；又必須有一套富於神祕性的理論，予人們以無限的希望，堅定其追求未來幸福的意志。必須實踐、熱情、理論三者融爲「一元」，才能完成眞正的宗教。而此種宗教也才能得到正常的發展。

科學的目的在獲得各個事物的眞理；哲學的目的在獲得宇宙大全的眞理；宗教的目的並不以單單獲得宇宙局部或全體的眞理爲滿足，並且還要進一步的探討眞理的價值，如何者是善的？何者是惡的？何者應捨？何者應取？何者應奉行？何者應摒棄？都是各種宗教所必悉心探討的課題，探討的結果即爲信條。所以宗教的目的不只是尋求眞理，而且在靈感性之眞理之獲得與信行。

人的精神是不能空虛的，必須要有信仰，要有寄託，要有安慰；否則便要走向毀滅的道路，或陷入苦惱的深淵。宗教最大的使命就是拯救人類，安慰人生，它有無比的潛移默化的力量。可以使人們從現實的物質的、執迷的、悲苦的境界，超升到未來的、心靈的、明覺的、極樂的境界。它好像慈祥的母親，以崇高聖潔的愛提挈兒女，保愛兒女。兒女跌倒了，她慌忙扶起，兒女疲倦了，她攬在懷裡唱著催眠曲。因此無論科學如何發達，而宗教對於人類不會失去作用，失掉信仰。在天下太平的時候，人類精神生活從別的方面可以得到滿足，也許不感覺宗教迫切的需要。但在人類瀕於毀滅的邊緣，那就感到宗教是渡脫苦海的惟一的寶筏了。

世界各種宗教，儘管信條、規儀，及傳教的方式不同，但其救世救人大慈大悲的精神則是相同的，一元的。現在各種宗教團體由於門戶之見太深，常常發生嫉忌、傾軋、誣衊、衝突的現象，這就是因爲對於宗教的遠大的目的和基本的精神沒有深刻的認識之所致。宗教如果沒有兼容並包的雅量，那麼就失去宗教的意義與價值了。

宗教派別雖多，但對於人類影響最大的還屬佛教與基督教。因此，我們特別提出這兩種宗教藉以說明「一元」之重要。

第一節　佛　教

何謂佛教呢？佛教一詞有三種意義：一是依佛之教，即仰慕佛陀的人格，並專奉佛陀爲教主的宗教；二是佛卽教，就是以佛陀象徵眞理的教；三是成佛之教，就是依佛陀開示之眞理使眾生都成佛果之教。

「佛」梵語叫「佛陀」，意釋爲「覺」。能自覺覺他，覺行圓滿者叫「佛」。佛所說的教叫「法」。傳持佛所說的教法的叫「僧」。佛法僧三者總稱「三寶」。此三寶卽爲佛教的內容。信仰佛教者必須歸依三寶，要以體現宇宙、人生之眞理的——佛爲教主；以佛所開示的宇宙、人生之眞理——法爲規範；以明瞭教義持守戒律的——僧爲導師。必須佛法僧三寶融爲「一元」，才能成爲佛教；必須歸依三寶，才能成爲佛教信徒。

佛陀的宇宙觀，認爲宇宙萬有都是「地水火風空識」六大因緣和合而成。前五屬色，後一屬心，「六大」爲萬有成立的原素。「色」卽物質，六大和合卽是「心物一元」。必須六大融通無礙，互相涉入，則萬有才能成能住，否則六大分離，則萬有卽壞卽空。「成住壞空」構成宇宙萬有一元的循環律。宇宙萬有之生滅隱顯，都如「鏡花水月」，是「無常」的，不可捉摸的。

佛陀的世界觀是「大悲同體」。他把世界有情的生物都看成一元的，平等的，沒有分別的。他在偉大的悲願中無不一視同仁。要以寶筏慈航救渡眾生，脫離苦海，超出三界，不再受「生老病死」的苦報。所以金剛經裡說：「所有一切眾生之類：若卵生，若胎生，若濕生，若化生，若有色，若無色，若有想，若無想，若非有想，非無想，我皆令入無餘涅槃而滅度之。」因爲佛陀沒有「我相」、「眾生相」、「計度」的執見，所以才能視眾生爲一元的同體，而且能夠有如此大的悲願。

佛陀的因果觀，以萬有自然的因果與人生道德的因果融爲「一元」。他認爲某一種因果現象的發生，在於人類和其他有情衆生之有意欲。意欲是苦樂得失之因，也就是所造之「業」。苦樂得失是意欲之果，也就是所受之「報」。人類之「貪瞋癡慢疑」等煩惱，都是由「眼耳鼻舌身」五識受意識的支配而發生的。如果沒有意識，也就沒有我執，沒有我執，也就沒有苦樂煩惱，沒有苦樂煩惱才可以達到大澈大悟眞正解脫的境界。因果是必然的，而且是相續的，種善因得善果，種惡因得惡果，所謂「種瓜得瓜，種豆得豆」，種什麼因得什麼果。因與果常爲「一元」，絕無錯亂。佛教三世因果說：「欲知前生因，今生受者是，欲知來生果，今生作者是。」前生種什麼因，今生必然得什麼果。故前生之因與今生之果也必然是一元的。但今生得善果如不能種善因，則來生也必然得不善的果。故知因果雖是相續，而善惡則有不同。

我們認爲因果不但可以解釋三世，而且可以解釋現世，例如伯夷叔齊賢者，結果餓死在首陽山上。盜跖是日殺不辜的賊首，居然能得壽終。因此司馬遷便疑因果的可靠性。彷佛因果眞會錯亂似的。其實並不是因果有了錯亂，而是司馬遷沒有把因果認識清楚。如依照「三世因果」來解釋的話，伯夷叔齊所得餓死之果，乃是前生種有餓死之因；他們兄弟既是有道德的賢者，必然在當世種下善因，到來生也必然會得善果。盜跖得壽終之果，乃是前生種有壽終之因，他既是萬惡的賊首，必然在當世種下惡因，到來世必然會得惡果。

如照「現世因果」來解釋，也很有理由可說。伯夷叔齊「義不食周粟」爲發揚正氣而餓死，卽是種下了善因，他們求仁得仁，沒有遺憾，名垂青史，萬古流芳，使後人歌頌他，讚美他，卽是「現世」的善果。盜跖「日殺不辜」，卽是種了惡因，他雖是壽終，但使人憎恨他，咒咀他，唾罵他，卽是「現世」的惡果。又如孔子說：「君子坦蕩蕩，小人常戚戚。」也可以作如是解。因爲君子修德種有善因，所以能得「坦蕩蕩」的善果。小人作惡，種有惡因，所以親受「常戚戚」的惡果。由此可知因果一元是沒有錯亂的。

佛陀的教法本來是「一元」的，不幸在佛滅度後，教徒之思想、修持、規儀都逐漸分化，遞嬗演變，而成各宗各派，門戶對立，各執異說。其分派之最根本而又最重要的是大乘與小乘兩派。佛陀說法，適緣隨順，因衆生根器有大有小，故其應機說法也有大小乘之別。「乘」是運載的意思，謂能載行人，令出生入死，故叫「乘」。小乘志在獨善自渡，大乘志在兼濟渡他。小乘根鈍，厭生死苦，求證涅槃。大乘根利，了知煩惱本空，不住生死，不住涅槃。小乘但破我執，不破法執，故主「我空法有」之說。謂有情衆生是由五蘊（色受想行識）和合而成。五蘊和合，假名爲人，實無有我，故知我是空的。但五蘊之中雖無我體而有法體，並且法體亙三世恒有而不滅。

大乘主心外無法，色法是心中所現的假法，衆生妄執之實我實法，謂之我法二執。我法二執，各有俱生與分別二種。俱生者，是無始以來，由於意識與末那識，虛妄熏習內因之力，常與身俱，不待外界刺激，自然主動的生起，故名俱生。分別者，不與身俱，須待外界刺激而後才起，故名分別。色心諸法都是從因緣生，而眾生迷情妄執，以爲有實我實法，如黑夜見繩，妄執爲蛇，這是遍計所執性的作用。其實大乘小乘，說空說有，都涉偏執，未契中道，殊違佛法圓融的本旨。

大小二乘爲空有二教，雖都是佛陀所說之法，但佛於第三時，解深密等會，演了義教，說一切法，惟有識等，心外無法，破初有執，非無內識，破次空執，非非有空，離有無二邊，則融大小空有爲「一元」，使歸於不偏不倚的中道觀。此於佛所說之法華經、華嚴經、及龍樹菩薩所著之中觀論中闡發得極詳盡。茲就各宗要義，說明佛法「一元」之理。

（甲）三論宗

㈠**宗名** 此宗因爲以中論、百論、十二門論爲正依，故叫三論宗。中觀論正破小乘，兼破外道；百論正破外道，傍破小乘；十二門論正破小乘外道，正顯大乘深義。蓋大小乘經同明一道，以無得正觀爲主。佛陀所說種種法門，都是因眾生的病症而下的良藥；藥病相應，便可除病回春。但一代諸經各具有等、勝、劣的差別。若對治眾生煩惱執見，依照契於一機一緣的一二種經，則必墮於有所得之見。所以當奉一切經以求「一元」的正觀。因爲三論是概括的提示佛陀所說一切經的眞理，故依三論卽如依一切經。此宗所以與他宗不同的，就是不依經而依論立它的宗名。

㈡**教判**　別宗的教判都分別一代教的優劣，揚此抑彼，廢劣立勝，惟三論宗獨不然。此宗主張佛教唯覺爲宗，其道不二。不應對一代教別爲優劣，存廢立之見。否則卽墮於有所得之見，而失去佛教之眞義了。如果諸宗對於一代教，強判優劣，那麼諸宗各具等、勝、劣三義，優劣相參，瑕瑜互見。吉藏對成論師、地論師之教判加以詆斥，就是爲此。諸經法門雖殊，而其體則是一元，並無根本差別。如依照諸經一元之體——眞義——應著千差萬別之機緣，化導眾生，則於八萬四千法門可立「二藏」、「三輪」之教判。二藏卽聲聞藏、菩薩藏。聲聞爲小乘教，菩薩爲大乘教。因爲佛陀說法應機有二乘，故所開示的法門也有不同。三輪卽根本法輪、枝末法輪、攝末歸本法輪。根本法輪是佛成道之初於華嚴會上爲菩薩說一因一果之法門；枝末法輪是爲不解一因一果之福薄根鈍之流把一佛乘分就三乘說；攝末歸本法輪是佛陀說四十餘年之三乘教，陶鍊眾生，至法華會時，會三乘而歸於一道。此可證明小乘從大乘出又入於一乘。大小二乘本爲一元，不應分立。聲聞與菩薩二藏，入道法門雖殊，其根本並無差別，自然也應歸於一致。必須二藏三輪融爲一元，才能成爲中道。

此外還有印度智光論就所立之三時教判。初時明心境俱有；二時明境空心有；三時明心境俱空。初時佛在鹿野苑爲諸小根說小乘之法，謂我空法有。二時爲中根說大乘法，謂萬法唯識。三時爲上根說無相大乘，辨心境俱空，平等一味，爲眞了義。初時說緣生之法，定是實有，以破外道自性。二時說此緣生，以爲似有，因爲眾生怖畏眞空，故且存假有而接引之，漸破二乘緣生實有之執見。三時說此緣生卽是性空，平等一味，不礙二諦，始成究竟大乘，三時教判，融爲一元。

㈢**教理**　此宗教理最主要的就是「破邪顯正」、「眞俗二諦」，及「八不中道」三科。故吉藏說此爲中論之綱領，卽一代教之大要亦不出乎此範圍。由此三科更可以證明「一元」眞理之正確性。茲分別述之：

1.破邪顯正　破量有四：一是摧外道。外道是指佛教以外的學派。不明我法二空之理，執著邪因邪果、無因有果、有因無果、無因無果等種種之邪見，故破之。二是排毘曇。因爲小乘毘曇宗(卽俱舍宗)說我空法有，雖知人空不知法空，故破之。三是排成實。因爲成實宗雖知人法俱空，但未除偏空之情見，故破之。四是呵大執。大執謂大乘行者之妄執。大乘佛教本來也是要破除凡夫與小乘的執見以顯中道之理的，但是學教的人，往往懷有所得之見，聞有則溺於有，聞空則滯於空，聞中則著於中，故亦破之。佛教無論那一宗都不外乎說眞和實相之妙旨，以「破邪顯正」爲主。不過大多所立的「破邪顯正」，是破邪之外別立顯正。此宗卻不然，其主張破了「有所得」的邪執，當下便達「無所得」的正觀。

三論玄義上說：「總談破顯，凡有四門：一、破不收；二、說必契理；三、亦破亦收；四、不破不收。言不會道，破而不收；說必契理，收而不破；學教起迷，亦破亦收；破其能迷之情，收取所惑之教。諸法實相，言忘慮絕，實無可破，亦無可收，泯上三門，歸乎一相。照斯四句，破立皎然。」邪破則正自顯，破邪之外，別無顯正，此卽所謂「破顯同時」、「立破同時」的法門；也可以說是「立破一元」的法門。

正有三種：一、與偏執相對，叫「對偏正」；二、偏執盡除，叫「盡偏正」；三、偏執旣去，正也不留，非偏非正，沒有對待，叫「絕待正」；絕待正也可以說是一元的法門。

2.眞俗二諦 眞俗二諦雖爲諸宗通用，但都是就所證之理與所觀之境而立的。此宗說二諦，則以約於言教爲常規，此約教二諦，不爲諸宗所用，所以爲三論宗特具的教義。此宗旣以破邪顯正爲主，但顯正之正，有「體正」與「用正」之別。用正就是眞俗二諦之教。出世法叫「眞諦」，也稱「第一義諦」；世法叫「俗諦」，也稱「世諦」。佛陀說「二諦」之本意是爲對治那外道凡夫空有斷常之二見。但學者往往於佛之教旨發生迷見。所以此宗開「二諦」爲「四重」，以破其執迷。

何謂四重？一、世間現實所有的一切差別萬象雖是宛然存在，但都是因緣所成，並無自性，當下卽空；所以俗諦執之爲「有」，眞諦執之爲「空」，但此「空」、「有」，是一物之兩面觀。執空執有都是一邊之見，不合中道。所以此宗說卽空之有爲俗諦，欲顯不有之有以破執有。說卽有之空爲眞諦，欲顯不空之空以破執空。此爲第一重二諦。二、他宗又有執假有假空爲二諦，此宗對破之說假有與假空分立還算是俗諦。旣爲不有之有，同時卽爲不空之空。「有」「空」原來不二，所以第一重之有空爲俗諦，而以非有非空爲眞諦。此如同黑格爾辯證法之「否定之否定」。三、空有爲二，非空有爲不二，二與不二也是俗諦，非二非不二才是眞諦。此又是一重否定之否定。四、前面三重二諦，都是言教，爲破執著須言忘慮絕，歸於無所得，才能契合眞理，所以又認爲前三重都是俗諦，非非不有，非非不空，才算眞諦。此又是一種否定之否定。總之，此宗二諦四重，旨在破除他宗學者「有所得」的迷執，使歸於一元的「無所得」的中道。

3.八不中道　此是實踐前面所述「破邪顯正」與「眞俗二諦」之教義的中道觀。他宗認爲破迷之外，別有中道，此宗卻認爲破盡迷情，就是中道，這也是和他宗不同的地方。「八不」是中論所示的不生、不滅、不斷、不常、不一、不異、不來、不去，謂眾生的執見雖是千差萬別，但一言以蔽之不出乎：生、滅、斷、常、一、異、去、來之八計。「八不」是否定以上八計，破除一切執見的意思。如果能夠破除一切偏見，念慮不生，便契「八不中道」。學教不悟「八不」，即不瞭解「眞俗二諦」。所以以五句三中來分別，對破凡夫執見。五句三中第一句，實生實滅，是執生滅爲實在的，這叫做「單俗」；第二句，不生不滅，是執不生不滅爲實在的，這叫做「單眞」，單俗單眞，都是偏見，不合中道；第三句，假生假滅，這是「世諦中道」；第四句，假不生假不滅，謂生滅既是假，所以不生不滅也是假，這叫做「眞諦中道」；第五句，非生滅非不生滅，謂法界一切實相，既不是生滅，也不是非生滅，這是融眞俗而說的中道，叫做「二諦合明中道」。五句之中雖是使契中道的形式，但如果拘於形式，單執中道的一法，便成了「有所得」的中道之見，就全然背離「八不」的眞義了。必須能夠不拘於形式，徹悟「八不」的眞義，不但破除一切偏見情想，就是中道的念慮也都泯絕，才會眞契「無所得」的「八不中道」。總之，「八不中道」之旨，也是在於破執覺迷，斷念忘慮，終究達於「無所得」的本來寂滅的涅槃界。這就是學教證悟的極致。八不中道雖是不一不異，但歸於極致也是「一元」的妙論。

（乙）天台宗

㈠宗名　北齊慧文禪師依智論立一心三觀，以授南岳慧思禪師；思傳與智者大師（名顗）。智者住天台山，依法華經，弘揚教觀，遂成立一宗，叫「天台宗」。此宗以妙法蓮華經爲正依，以般若、涅槃、維摩、金光明諸經及大論、中論等諸經爲旁依。溯源其開祖，應歸於印度龍樹。其教義可概括爲「教」「觀」兩門。「教」是教相，卽理論門；「觀」是觀心，卽實際門。教判和教理屬於理論門；觀心和行證屬於實際門。必須兩門融爲「一元」，才能得到圓滿的功果。

㈡教判　此宗以五時八教判定法華的意義與位置，以統一一代教的眞諦妙理。五時：一是華嚴時，謂佛成道之初，爲大菩薩衆說華嚴經時；二是阿含時，謂佛在鹿野苑爲鈍根衆演四阿含時；三是方等時，謂佛爲二乘衆說方等諸經時；四是般若時，謂佛爲回心向大之小乘衆說部般若經時；五是法華涅槃時，謂佛爲機漸純熟之鈍根衆說法華與涅槃諸經時。佛之說法所以依此順序，就是想從「擬宜」、「誘引」、「彈呵」、「淘汰」而後入實的緣故。

八教是爲說法形式的頓、漸、祕密、不定之化儀四教，和爲教法內容的藏、通、別、圓之化法四教。「漸」是誘引漸覺；「頓」是指點卽悟；「祕密」是於前四時中或爲甲說頓，或爲乙說漸，彼此互不相知，各自得益；「不定」是於前四時中或爲甲說頓，或爲乙說漸，彼此互知，各別得益。「藏」、「通」、「別」、「圓」是其法界觀之析空、體空、但中（以眞理爲超絕的）、不但中（以眞理爲內在的）之區別。「藏教」於空之外見有，所以空也爲有；「通教」認爲有卽空，空卽有，所以攝有爲空；「別教」於有空之外發現中道，所以認爲有、空是出於中道；「圓教」於有空之外不見中道，認爲中卽是有、空，此教是對於上利根菩薩所說圓妙、圓滿、圓足、圓頓之教法。四教中藏、通、別，三教爲「權」，圓教爲「實」。華嚴爲頓教，阿含爲漸教，法華爲超頓漸之融會二乘使歸於一佛乘之純圓教。此教也可以說是無對待無矛盾之一元化的教。

㈢**教理**　此宗教理最主要的就是「圓融三諦」、「一心三觀」及「三智」等三科。玆分別述之：

1.圓融三諦　諦卽審實不虛的眞理。此宗認爲法界萬法卽空、卽假、卽中。卽空是眞諦，卽假是俗諦，卽中是中諦。⑴眞諦，謂諸法本空，眾生因爲不瞭解遂執之以爲實有，而生妄見；若以「空觀」予以滌蕩，那麼就可忘情離相，了然眞空之理了。⑵俗諦，謂諸法雖空，都不可得，若以「假觀」照之，那麼對於性具諸法就可以有了深切澈底瞭解。⑶中諦，謂諸法本來不離二邊，不卽二邊，若以「中觀」來透視一下，那麼就可以清清楚楚的看出諸法非眞非俗，卽眞卽俗，圓融無礙，是不可捉摸的了。

別教三諦是有隔歷的，不能互融的。何謂隔歷呢？隔是橫列，謂空間的差別；歷有先後，謂時間的差別。圓教了三諦，舉一卽三，全三卽一，故叫做「圓融三諦」。圓融的解釋卽三諦叫「圓」，三諦卽一諦叫融。一空一切空，一假一切假，一中一切中，三一無礙，彼此互融，此卽圓教三諦之眞理。此理乃是天然的性德，十法界中一切事物，無論是體、是相，都具有「圓融三諦」之妙理，所以也稱「一境三諦」。「三諦」圓融無礙，也就是「一元」之功用的表現。

2. 一心三觀　此宗依龍樹菩薩中論偈「因緣所生法，我說卽是空，亦名爲假名，亦名中道義」，立空、假、中三觀。「空觀」順「眞諦」，是相對世界之消極觀；「假觀」順「俗諦」，是立於消極觀上的積極觀，「中觀」順「第一義諦」，是超越二極的絕對觀。「一心三觀」乃立於一千三百三諦之教理上。蓋因一切萬法全具三千三諦之理，故要把一切諸法三諦圓融，法法三千之理，證悟實現於「止觀」的一心上。或用次第三觀，從假入空，從空入假，從空假入中道；或用空相三觀，一空一切空，假中皆空；一假一切假，空中皆假；一中一切中，空假皆中；一心三觀是卽空，卽假，卽中，心中一念，三觀具足。由此也可證明必須三觀沒有空間性、時間性，才能達到「一元」的圓融俱足的境界。

3. 三智　何謂三智呢？「三智」卽一切智、道種智、一切種智。這三種智，是由空、假、中三觀所成的。因能成的「三觀」有隔歷、圓融之分別，故所成的「三智」也分次第、不次第兩種。

空觀成了以後，知一切法的名相，是無我我所，內法內名，及外法外名，此卽叫「一切智」。但是這種空智只能籠統的認識諸法無生，而不能分別的了知諸法緣起。所以不能用諸佛道法以發起眾生的一切善種。想發起眾生的善種，必須藉「假觀」的功能。假觀所成之智卽是「道種智」。中觀成了以後，則知一切法都是「中道」。能夠以一種智了知一切道、一切種，此卽「一切種智」。初知諸法無生，次知諸法假有，最後了知中道之理，此卽別教之次第三智。不次第三智是「一心三觀」所成之「三智」。摩訶止觀說：「一心三觀，所成三智，當不思議三境。此智由觀得，故受智名。」智無先後次第便是一佛智，因爲能成的「三觀」是一心圓觀。所以所成的「三智」亦是一心中得。此卽圓教之不次第三智。不次第智，我們也可以稱之爲「一元的智」，一元的智才是圓融不偏的智。

(丙) 華嚴宗

㈠**宗名** 此宗是依華嚴經立教，因此稱「華嚴宗」。其初祖是唐朝杜順和尚。著有法界觀，總括華嚴奧旨。其後他的弟子智儼(因住至相寺，故也稱至相尊者)作搜玄記、十玄門、五十要問答等，以申演華嚴經義。到武后攝政時，法藏(賢首國師)出，著五教章，以五教十宗分判一代的佛教；著華嚴探玄記，以十玄六相闡揚一乘的妙理。由此此宗於黯淡中又大放光明。

㈡**敎判** 此宗立五教十宗，以攝佛教法門。五教：一是小乘教，二是大乘始教，三是終教，四是頓教，五是圓教。小乘教但明我空，如阿含經、俱舍論等所說是；始教是大乘初門之教，分爲空始與相始二門。空始明一切皆空，以破法執，如般若經及中觀論等所說是；相始明萬法唯識，以融心境，如解深密經及瑜伽唯識等論所說是；終教是大乘終極之教，明眞如隨緣而生萬法，如楞伽經、起信論等所說是；頓教是說一念不生卽成佛果，不立斷惑證理的階位，如維摩經所說是；圓教是圓滿融通的教，明事無礙，一卽一切，一切卽一，如華嚴經所說是。

十宗：一是我法俱有宗；二是法有我無宗；三是法無去來宗；四是現通假實宗；五是俗妄眞實宗；六是諸法俱明宗；七是一切皆空宗；八是眞德不空宗；九是相想俱絕宗；十是圓明具德宗。前六宗都是小乘教，因其於我法之上各別分有無之見故。第七宗相當於始教；第八宗相當於終教；第九宗相當於頓教；第十宗相當於圓教。蓋在五教是由法義判教的，十宗是卽法義之理而分的，故名稱雖多，但其內容則是「一元」的。

㈢**教理**　此宗教理最主要的就是四法界、四種緣起、六相圓融及十玄門等四科。玆分別述之：

1.四法界　據生理學家說，人類沒有兩個人的像貌完全相同的；據心理學家說，人類也沒有兩個人的性情完全一致的。我們認爲這全是從人的「殊相」來判的。如果從「共性」來判，不要說人類沒有分別，就是「三千大千」的宇宙萬事萬物，還會有不同的麼？華嚴宗的「四法界」就是根據這個道理對那些見其殊未見其同，或執同分相的凡夫而立的。

四法界：一、事法界，是說色心諸法全是有差別的，界限非常分明，好像水與冰與湯一樣，是不相混的。二、理法界，是說一切千差萬別的事相，都依著一種平等的一元的理性，這種「理性」叫做「法性」，也稱「眞如」，是宇宙間最普遍的眞理。如前面所擧水與冰、湯，表相雖然不同，但體性卻沒有差別。三、理事無礙法界，是說事相與理性是不能分離的，理性必藉事相以顯現，事相也必依理性以成立，如水卽波，波卽水，理事互融，相成無礙。四、事事無礙法界，是說一切差別事相，都是理性的顯現，理事旣無礙，那麼事事都無礙了。一切差別事法，稱性融通，大小互容，重重無盡，如水之此波與彼波，一波與多波之互融無礙。事事互融無礙，便是一元化的境界。

2.四種緣起 他宗雖然也倡「因緣和合」之說，但都是執著一邊之見，未契中道。惟有此宗能夠納四種緣起爲「一元」，融會貫通，建立一個圓滿周遍的結論。

四種緣起：一、業感緣起，這是小乘教所取的教義。說衆生由惑而造作諸業，由業感受生死苦果，由於苦果更起惑造業，因果相循，輪迴不已。所以衆生心身世界，都是由於業力而生起的。二、賴耶緣起，這是大乘相始教所取的教義。說我們人類都有一種微細的「阿賴耶識」，能含藏萬法之無量種子。身心世界都是由這無量種子遇緣而顯現的。三、眞如緣起，這是大乘終教所取的教義。說眞如隨緣而生萬法，隨染緣就成「六凡」，隨淨緣就成「四聖」。所以十法界都是由眞如隨緣而生起的。四、法界緣起，這是華嚴宗圓教所取的教義。說法界是一個大總的緣起，其所以能夠稱得爲大緣起的，是因爲它不只是人們的業力，也不只是生滅的、差別的阿賴耶識，更不只是平等的、不生滅的理性之眞如。而是萬法彼此融通，互爲緣起，重重無盡的。所以也叫「無盡緣起」。這四種緣起也是了知宇宙萬法的和合眾緣。分則相對，合爲一元。

3. 六相圓融　六相：一是總相，二是別相，三是同相，四是異相，五是成相，六是壞相。此六相本來是各個相對的，經華嚴妙義融會貫通，成了一元的開啓萬法鎖鑰的靈匙。

總相就是包括多種差別物的總體。比如一座屋舍，總合樑柱磚瓦諸緣而成，屋舍的相，便是總相。別相就是各種事物是孤立的，而非一體的。比如屋舍中的樑柱磚瓦各種東西，雖是依著屋舍的總相而完成其總相，但若沒有各個的別相，則總相也無從表現。同相是說多種事物相雖不同，但有相輔相成之功用，也可以構成一元的總相。比如樑柱磚瓦，合同可造屋舍，不相違離。異相是說多種事物，有千差萬別的表相。比如樑柱磚瓦，彼此相望，形類各個不同。成相是綜合以上幾種原理，而構成總的緣起。比如樑柱磚瓦諸緣，由於各個局部的事物附麗相依而構成全體；但個別則仍保其特性。壞相是說各種事物，各守自法，互不發生關係。比如樑柱自樑柱，磚瓦自磚瓦，各保自性，不共造舍。六相，本來是一物的六面觀，也如同人的耳、目、口、鼻、四肢與全身的關係。總相對別相說是「所成」，別相對總相說是「能成」，此是總與別爲對待。同與異二相是就能成的法說的，此是一與多爲對待。成與壞二相是就緣起說的，此是用與無用爲對待。

總之：「總」「別」是指體說的；「同」「異」是指相說的；「成」「壞」是指用說的。這就是所謂「六相三對」。六相三對中「總相」、「同相」與「成相」是平等的；「別相」、「異相」與「壞相」是差別的。六相雖有平等與差別之分，但因相涉相入，故亦融通無礙。蓋以離總相無別相，離同相無異相，離成相無壞相。總相卽別相，別相卽總相；同相卽異相，異相卽同相；成相卽壞相，壞相卽成相。所以「圓融」不離「行布」（分別），「行布」不離「圓融」。「圓融」卽「行布」，「行布」卽「圓融」。這就是「六相圓融」的眞諦。諸法六相圓融，一切卽可一元無礙了。

4.十玄門是十玄緣起無礙法門之簡稱。一、同時具足相應門，就是說能舉一種事物之理，就可了知一切事物也具此一事物之理。華嚴經說：「一切法門無盡海，同會一法道場中。」如一滴海水，含有百川的性味。二、廣狹自在無礙門。廣是「大而無外」，狹是「小而無內」，但大者放置毛端而不窄，並不是絕對的大；小者含容太虛而有餘，並不是絕對的小。華嚴經說：「能以小世界作大世界，大世界作小世界。」如一尺之鏡，見千里影，事得理融，自在無礙。三、一多相容不同門。華嚴經說：「以一佛土滿十方，十方入一亦無餘。」是說一佛土與十方佛土互相容納而也不害十方一多之相。四、諸法相卽自在門。華嚴經說：「一卽是多多卽一。」是說一切諸法，互容互卽，不相妨礙。五、隱密顯了俱成門。是說一切諸法，互攝無礙。六、微細相容安立門。一能含多叫「相容」，一多不雜叫「安立」。華嚴經說：「於一塵中，一切國土，曠然安住。」七、因陁羅境界門。是說一切法、位與世界，都是互相交參，重重無盡。正如華嚴經說：「諸佛知一切世界如因陁羅網世界。」八、託事顯法生解門。是說寄託一事，便顯無盡的法門，使人深生信解。九、十世隔法異成門。三世每一世又別爲三，一念爲總，合而爲十，故叫「十世」。十、主伴圓明具德門。是說如來說圓教，會通諸法，理皆圓融。故十方諸佛菩薩，互爲主伴；稱性極談，具足眾德。

九門雖各顯別義，但總說起來則都統攝於第一同時具足相應門，以顯一切諸法，同時相應，重重無盡，主伴具足，而無所缺，這稱之爲「法界緣起」。十玄法門所以緣起圓融，無礙自在，是依於「六相」之法門的緣故。十玄法門雖殊，而入門之機則仍攝於「一元」。惟其是一元的，故無入而不是融通的。

除以上三宗外，還有密宗之「六大」、「四曼」，也是佛教法門中之圓融妙諦。何謂「六大」呢？六大就是「地、水、火、風、空、識」，前五者屬色，後一者屬心。六大周遍全宇宙一切事物之體，爲萬有成立的原素。必須六大和合，融通無礙，才能生起諸法。這就是佛教的「心物一元」的妙理。何謂「四曼」呢？四曼是四種曼荼羅之簡稱，各有廣狹二義。曼荼羅是輪圓具足的意思。一、大曼荼羅，狹義方面是指佛菩薩之莊嚴色身說的；廣義方面是指依六大而顯的十界有情及萬法色相說的。二、三昧耶曼荼羅，狹義方面是指佛菩薩所持之標幟說的；廣義方面是指一切器世間各顯特性的山川草木及日常器用等事物說的。三、法曼荼羅，狹義方面是指佛菩薩之種子及眞言說的；廣義方面是指一切言語、文學、名稱、記號等說的。四、羯曼荼羅，狹義方面是指佛菩薩之一切威儀動作說的；廣義方面是指萬物之動作業用說的。四曼是六大緣起一體上所現之差別相。同時並存，互相依附，全是無極無邊的。法雖不同，但緣起之體性則一，所以也是融通一元的妙理。

佛陀的思想主張，本來是慈悲、平等、無神、無我，視眾生爲一體，以宇宙爲一元的。可惜自佛陀滅度後，佛徒如「群盲摸象」，偏依一經，各立門戶，致生大小顯密頓漸之計度差別執見。互相鄙薄，不能融攝。因此如來之博大精深的圓融妙法，不但未能弘揚於世界，而且大有日漸式微的趨勢。佛徒如果想使如來教法振興起來，必須攝如來所說一切圓融的妙法。並遵如來所定「見和同解，戒和同遵，利和同均，意和同悅，身和同住，語和同諍」之六和敬的規約，使佛教本身無矛盾，無傾軋，成爲一個圓融無礙一元的宗教。

第二節 基督教

現代世界最大的宗教，除佛教外就是基督教。

基督教所崇奉的教主希臘名叫耶穌（Jesus），基督是尊稱。耶穌雖是一個木匠出身，沒有什麼學問，但他卻有高度的智慧，和救人救世的仁愛和勇氣。他既謙遜，又很自任，深信眞理是永遠不朽的。我們可以說他的性格是「智、仁、勇」的調和，或一元化。所以他被釘在十字架上臨殉道的時候不但沒有悔恨，並且還祈禱上帝赦免殺他的罪人，眞是可歌可泣，這是何等偉大的人格啊。

耶穌雖也說「神」和「神國」，但他並不執著神的實際的存在。他只說神是完全的善，是具備「聖」、「義」和「愛」的性質的父。換句話說，神就是由聖、義、愛融爲一元的眞理——善。他並且說神是極接近於人的，就是犯罪的人，他也愛憐他，救助他。這世界全是由慈愛的神意所支配。凡是有神意實現的地方，便有「神國」。可見「神」和「神國」，不過是眞理和實行眞理的區域的象徵而已。

基督教是以基督純潔無瑕的人格，和富於啓示性、神祕性的教訓作爲信仰的準則。其最終的目的，在期望藉聖靈的感化，由行人道達成天道，超陞天國，回到上帝的懷抱。這與佛教藉佛所說的法門達到「覺悟」的境界，證「涅槃」，陞「西方」，正復相似。

基督教大體上分爲羅馬教會、新教會、希臘教會；新教會又分長老會、浸禮會、路德會等。其教派雖多，規儀的形式雖不同，但他們以基督的教訓爲信仰的寶典，以上帝爲萬能的眞神，和天地萬物的創造者、主宰者。並且認爲人都是犯了罪的罪人，必須信仰神，信仰神信仰耶穌基督，才能免罪，才能得救，才能享受榮寵。把可畏的神，當就可愛的父，使一切行爲都附合神的意旨。這幾點則是完全一致的。

基督教各種教派崇拜一個教主，信仰一個眞神，依奉同樣的教義，固不應互相傾軋，互相鄙薄；就是其教義與佛的教義的基本精神也並無二致。同樣也應該合作協調，共同建設「人間淨土」，求實現「救人救世」的悲願，以發揚教主的博愛大慈的精神。

茲將基督教與佛教各種相同之點分述於後：

（甲）三位一體

基督教以聖父（上帝）、聖子（耶穌）、聖靈（人之明覺）爲三位一體。懷愛倫著之善惡之爭上說：「基督是道，是上帝的獨生子，是與永生之父一體的。在本性上，在品格上，及在旨意上，都是一致的。他是全宇宙中惟一能參加上帝的一切議會及預定計畫的。藉著基督聖父創造了天上的衆生。」聖子爲「中保」，作上天下地的橋樑，融聖靈與聖父爲一體，渡人達到最高的天國，受聖父的恩寵。佛教以佛、法、僧爲三位一體，法爲由僧到涅槃境界的寶筏，融僧與佛爲一體，救渡衆生，由「穢土」超陞到「淨土」；由「娑婆世界」超陞到「極樂世界」。「天國」與「西方極樂世界」名詞雖不相同，但蘄求超陞一個未來的理想的世界則是「一元」的。

（乙）因果報應

佛教講因果報應，基督教也講因果報應。舊約箴言第五章上說：「惡人必被自己的罪孽捉住；他必被自己的罪惡如繩索纏繞。他因不受訓誨就必死亡；又因愚昧過甚，必走差了路。」又第十一章上說：「滋潤人的，必得滋潤。屯糧不賣的，民必咒詛他，情願出賣的，人必爲他祝福。懇切求善的，就求得恩惠；……看哪，義人在世尙且受報，何況惡人和罪人呢？」又第十章上說：「耶和華不使義人受飢餓；惡人所欲的，他必推開。手懶的，要受貧窮；手勤的，卻要富足。……義人的紀念被稱讚；惡人的名字必朽爛。」雖然佛教講「三世因果」，基督教講「現實因果」時間空間而有不同，但在警人向善去惡的意義上說則是「一元」的。

（丙）智慧

佛教最重智慧，因爲智慧可以渡迷啓悟。故把智慧列在「三學」、「六度」裡面。往往以對於佛法信心之強弱、覺解能力之高低衡量慧根之深淺。基督教對於智慧看的也非常重要。耶穌講道常提到智慧。如舊約箴言第一章上說：「智慧在街市上呼喊，在寬濶處發聲，在熱鬧街頭喊叫，在城門口，在城中發出言語，……你們當因我的責備回轉；我要將我的靈澆灌你們，將我的話指示你們。……愚昧人背道，必殺己身；愚頑人安逸，必害己命。惟有聽從我的，必安然居住，得享安靜，不怕災禍。」又第二章上說：「耶和華賜人智慧；知識和聰明都由他口而出。他給正直人存留眞智慧，給行爲純正的人作盾牌。」又第三章上說：「得智慧，得聰明的，這人便爲有福。因爲得智慧勝過得銀子，其利益強如精金，比珍珠寶貴。」第四章上說：「不可離棄智慧，智慧就護衛你；要愛她，她就保守你。智慧為首；所以，要得智慧。在你一切所得之內必得聰明。高舉智慧，她就使你高升；懷抱智慧，她就使你尊榮。她必將華冠加在你頭上，把榮冕交給你。」由此可知基督教重視智慧的意義，與佛教的度迷啓悟也並無二致。

（丁）守心

佛教注重守正念，基督教注重守善心。如舊約箴言第四章上說：「你要保守你心，勝過保守一切，因為一生的果效是由心發出。你要除掉邪僻的口，棄絕乖謬的嘴。你的眼目要向前正看；你的眼睛當向前直觀。要修平你腳下的路，堅定你一切的道。不可偏向左右；要使你的腳離開邪惡。」基督教主張守善心、行正道，與佛教的守正念、去邪惡也沒有什麼差異。

（戊）戒規

佛教戒規：五戒、十善、六度、四攝裡，消極方面有不淫慾、不妄言、不酗酒、不慳吝、不瞋恚、不貪取；積極方面有忍辱、精進、布施、利行等。基督教的戒規也有戒淫慾、戒妄語、戒酗酒、戒慳吝、戒憤怒、戒貪取、重施捨、重勤奮、重公義等。如舊約箴言第六章上說：「能保你遠離惡婦，遠離外女諂媚的舌頭，你心中不要戀慕她的美色，也不要被她眼皮勾引。因為，妓女能使人只剩一塊餅；淫婦獵取人寶貴的生命。」又第七章上說：「眾子啊，現在要聽從我，留心聽我口中的話。你的心不可偏向淫婦的道，不要入她的迷途。因為，被她傷害仆倒的不少；被她殺戮的而且甚多。她的家是在陰間之路，下到死亡之宮。」又第十二章上說：「口吐眞言，永遠堅立；舌說謊話，只存片時。……說謊言的嘴為耶和華所憎惡。」又第二十章上說：「酒能使人褻慢，濃酒使人喧嚷；凡因酒錯誤的，就無智慧。」又第二十一章上說：「義人施捨而不吝惜。」又第十一章上說：「有施散的，卻更增添；……好施捨的，必得豐裕。」又第十六章上說：「不輕易發怒的，勝過勇士；治服己心的，強如取城。」又第十五章上說：「貪戀財利的，擾害己家；恨惡賄賂的，必得存活。」又第二十章上說：「懶惰人因冬寒不肯耕種，到收割的時候，他必討飯而無所得。」又第二十一章上說：「行仁義公平比獻祭更蒙耶和華悅納。……追求公義仁慈的，就尋得生命、公義，和尊榮。」由此可知基督教與佛教的戒規之內容大體上也沒有什麼不同。

(己) 理想的世界觀

佛教主張建設「人間淨土」，使眾生安和相處，共享利樂。基督教也主張建設一個無罪惡、無鬥爭、無痛苦的祥和的理想世界。如舊約以賽亞書上說：「我的百姓必住在平安的居所，安穩的住處，平靜的安歇所。……你地上不再聽見強暴的事，境內不再聽見荒涼毀滅的事。」又「曠野和乾旱之地必然歡喜；沙漠也必快樂；又像玫瑰開花，必開花繁盛，樂上加樂，……那時，瞎子的眼必睜開；聾子的耳必開通。那時，瘸子必跳躍像鹿；啞巴的舌頭必能歌唱。在曠野必有水發出；在沙漠必有河湧流。發光的沙要變為水池；乾渴之地要變為泉源。在野狗躺臥之處，必有青草、蘆葦，和蒲草。在那裡必有一條大道，稱為聖路。污穢人不得經過，……只有贖民在那裡行走。……永樂必歸到他們的頭上；他們必得著歡喜快樂，憂愁歎息盡都逃避。」又說：「豺狼必與綿羊羔同居，豹子與山羊羔同臥；少壯獅子與牛犢並肥畜同群；小孩子要牽引牠們。牛必與熊同食，牛犢必與小熊同臥，獅子必吃草，與牛一樣。吃奶的孩子必玩耍在虺蛇的洞口；斷奶的嬰兒必按手在毒蛇的穴上。在我聖山的遍處，這一切都不傷人，不害物。」又啓示錄上說：「我又看見一個新天新地；……不再有死亡，也不再有悲哀、哭號、疼痛，因為以前的事都過去了。」又善惡之爭結尾說：「大鬥爭結束了，罪與罪人不再有了。全宇宙是潔淨的。在廣大創造物之間，只搏動著一種和諧的脈息。從創造萬有的主那裡，要湧流出生命、光明及喜樂，遍佈那浩大無垠的空間。從最小的原子，到最大的世界，一切萬物，有生的和無生的，都顯出光亮的榮美與完全的喜樂。」基督教這種理想的新世界與佛教無量壽經上所說的西方極樂世界很相似。可見兩教「大悲同體」的世界觀也是一元的。

基督教的理想世界裡，既是豺狼可與綿羊同居，豹子可與山羊同臥，萬物並生而不相害。那麼人與人，宗教與宗教，更可以「道並行而不相悖」了。

我們從佛耶兩教的教理與其救人救世的基本精神博愛來看，並沒有極端不相容的地方。現在此兩大宗教拘泥於細微的規儀，與一時本身的利害，往往發生嫉忌、傾軋、誣衊、衝突的現象。這實在違背了兩大宗教教主的大悲同體、博愛宏忍偉大的精神。

現在全地球人類都在遭遇空前未有的浩刧。世界各種宗教團體，儘管信條、規儀與傳教的方式不同，但在感情上必須融通和諧，結爲「一元」，大家發揮教主的大慈大悲的精神，齊心協力，負起救人救世的重任，以挽救當前悲慘的刼運。否則，仍各樹立旗幟，嚴陣相待，則必蹈中世紀歐洲教爭的覆轍。

第十一章　藝　術

第一節　自然美與藝術美

宇宙萬有，在無生物方面，大者如星球，小者如微塵；在有生物方面，大者如兕象，小者如螻蟻，本來一律平等，無所謂是非、善惡、美醜。因爲人類特賦有理性、智慧與靈感，由於與外物接觸的經驗，以自己或同類感受苦樂利害之多少爲標準，用歸納的方法把一切事物分爲何者爲善的，何者爲惡的，何者爲美的，何者爲醜的，定出種種不同的類型來。自然美與藝術美於是便產生了。

自然，什麼樣才算美的呢？我們雖然不能下一個明確絕對的定義，但舉幾個例子比較或更具體一點。如盆栽菊花，一株五幹或四幹，花大葉肥，平頂，一葉不缺，這是公認最美麗的菊花。如黃山的雲，華山的松，西湖的月，雁蕩山的瀑布，劍門關的斷崖，阿爾卑斯山的雪，地中海的水，這是有目共賞的最美的風景。因爲這些自然的條件，附合人的意識中的美底典型的意象。並能滿足人的美底要求，所以能夠引人的美感。對它欣賞讚歎，公認它是「自然美」。

自然美需要什麼屬性條件呢？有人認爲「自然美」就是指事物的常態，這樣看來反「常態」底就不美了。有人認爲自然美就是最正常最普遍的東西，這樣看來不正常不普遍的東西就不美了。

我們認爲所謂「常態」，所謂「最正常最普遍」，只能作爲衡量人和一部分物的美底尺度。而不能作爲衡量一切物的美底尺度。

比方說一個美人，他不但有常人所都有的五官四肢，而且他的五官四肢不長不短，不大不小，不肥不瘦，特別相稱。因爲他是最正常的，最普遍的，所以是最美的人。這是可以說得通的。就是以「最正常最普遍」的尺度去衡量貓狗、衣服、鞋子，也是可以說得通的。但以這種尺度去衡量像莊子上所說的「其本臃腫，不中繩墨；其枝卷曲，不中規矩」底古樹，那就說不通了。因爲這種不中繩墨、不中規矩的樹，是最特異，最不正常，最不普遍的。而藝術家卻認爲它是樹中美底典型。往往把它作爲吟詩畫畫的對象。如再用「最正常最普遍」的尺度去衡量它的美，那豈不就矛盾了麼？

我們認爲無論是對於自然美或藝術美，只能以「諧和」「統一」作爲衡量的尺度，不能以「最正常最普遍」作爲衡量的尺度。例如一個人的美，是因爲他的五官四肢大小長短諧和統一。

華山松的美，是因爲松的本身有諧和統一底「龍幹虬枝」。而且與那嵯峨底奇峰，峭削的絕壁，也都配合相稱。所以我們覺著華山的松更美。西湖的月美，是因爲與湖光山色相映成趣。也不外乎諧和、統一。阿爾卑斯山雪的美，是因爲上有皚皚的白雪，中有蒼蒼的松杉，下有茫茫的碧湖，配合得諧和相稱，所以雪也分外顯其美了。由此可以證明以「諧和」、「統一」作爲衡量一切美的尺度是不會錯的。

藝術美雖也離不了「諧和」與「統一」，但與自然美在程度上卻不是沒有分別的。因爲自然美是由於客觀事物的屬性和人的美底認識美底觀念附合的結果，而是自然發生的。藝術美是作者對於現實本質的認識，通過藝術的手腕，把自然改裝後的結果，是參加著意志而創造的。

藝術美既是創造的，那麼人爲的條件便有重於自然的條件。因此，自然醜有時可以化成藝術美，自然美卻不一定化成藝術美。例如法國文學家波德萊爾作詩，喜歡以死屍一類的事物作對象；雕刻家羅丹喜歡以醜陋底人物作模特兒。但他們在藝術上所表現出來的卻是美底，而不是醜底。反之如藝術手腕不高明，就會把西湖與阿爾卑斯山的風景美和西施貂嬋等人物美畫成極庸俗極惡劣的東西。所以創造藝術美，人爲的條件比自然的條件還重要。

西洋自然主義者羅斯鏗認爲人工造作的東西無論如何精巧，都不能比得上自然。最自然的就是最常見的，最常見的就是最美的。凡是美底線形都是從自然中最常見的線形抄襲來的。所以他主張藝術家唯一的成功捷徑就是在毫不選擇底忠實底模仿自然。其他藝術家如羅丹、盧梭等的藝術理論，也有與此同樣的見解。

我們認爲羅氏的見解是不正確的。因爲自然既是有美的當然也有不美的，總之都是雜亂底，變化底。藝術既不是單純底表現現實的現象，那麼自然也就不能忠實底模仿自然，複製自然，妙肖自然並不足以表現藝術美，所以照相不能代替圖畫。想使照相代替圖畫（如郎靜山攝影），還必須經過一番理想化。

藝術創作必須憑著對於現實的本質的認識和主觀的感情，把自然事物重新加以組織強化成爲諧和統一的有機體，然後才能表現出藝術美來。例如耶穌臨刑的前夕「最後的晚餐」那個題目，自爵多（Giotto）以後經過多少有名的大畫家在寺廟食堂畫成壁畫。但都不及達文西畫的那幅最美最成功。其所以成爲最美最成功的原因，一方面是能夠以主觀精神把握客觀每個人物的典型性；一方面構圖統一集中，諧和相稱。充分表現作者的理想性格和創造力。它雖不離乎現實，但不是自然的複製。這正是一個典型美的例證。

我們雖然說藝術手腕高明的人可以把自然醜化爲藝術美，但並不是說會把自然美化爲藝術醜，相反的自然美化藝術美還比較更容易。例如畫一隻小白兔比畫一隻老母豬容易表現美；畫一條金魚就比畫一頭烏龜容易表現美；畫一個美人就比畫骷髏容易表現美。杜甫有兩句詩：「細雨魚兒出，微風燕子斜」，固然很美，但把「魚兒」換爲「龜兒」，「燕子」換爲「鴿子」那就殺風景，覺得不美。所以我國人作詩畫畫講究選題挑對象是很有道理的。

由此可知自然美和藝術美不但不是相反的，而且是相輔相成的。沒有自然美也就沒有藝術美。二者雖在程度上有差異，但在本質上諧和統一底典型性來說卻是一元的。

第二節　眞善美三位一體

德國觀念論哲學大師康德（Kant）根據希臘德謨克里特（Democrte）的精神現象的知、情、意三分法，在他的三大名著純粹理性批判，實踐理性批判，和判斷力批判裡，運用他卓越底思辨的能力來處理這三個問題。以理論理性爲知，以判斷理性爲情，以實踐理性爲意。認爲知的極致是眞，意的極致是善，情的極致是美。

日本藝術理論家黑田鵬信認爲人類生來除賦有色慾、食慾、利慾外，還有知識慾、道德慾及美慾。因爲有此三慾，生活才向上，理想才發生。此三者爲高等慾。人類必須有此高等底慾，則人生才有價值。他並且還說：知識慾的目的是眞，道德慾的目的是善，美慾的目的是美。眞善美三慾是使人生進於理想底原動力。求眞的知識慾的對象有科學，求善的道德慾的對象有道德，求美的美慾的對象有藝術。

我們認爲眞善美三位是一體的，不能把它嚴格底分開孤立起來。要知人的一切精神作用是以知爲基礎的。不但意——善離不了知，就是情——美也是離不了知的。同時一切客觀底存在，是以眞爲基礎的。沒有眞還會有善有美麼？柏拉圖和亞理斯多德都以爲「至高的善」在無所爲而爲的玩索。「至高的善」在西方哲人叔本華、黑格爾等心目中就是一種美。最高的倫理的活動，也就是一種藝術的活動。美學家朱光潛說：「我以爲窮到究竟，一切哲學系統也都只能當作藝術作品去看。哲學和科學窮到極境，都是要滿足求知的慾望。每個哲學家和科學家對於他自己所見到的一點眞理（無論它究竟是不是眞理）都覺得有趣味，都用一股熱忱去欣賞它。眞理在離開實用而成爲情趣中心時就已經是美感的對象了。所以科學的活動也還是一種藝術的活動。不但善與美是一體的，眞與美也並沒有隔閡。」我認爲他這種見解是很正確的。現在就藝術家和藝術品兩方面舉例分別闡明於後：

（甲）藝術家

凡是一個偉大底藝術家，必須具備眞善美三個條件。第一我們先說眞，眞就是眞實無妄的眞理。眞實底眞理是從知識中求得來的。知識的來源也可以分兩方面：一是讀書，一是遊歷。明董其昌說：「不讀萬卷書，不行萬里路不可以言圖畫。」我們認爲不但畫家要多讀書多遊歷，就是文學家、音樂家、戲劇家，也必須多讀書多遊歷。讀書的功用在認識眞理，擴充眼界，變化氣質。讀的範圍愈廣，知識愈豐富，審辨愈精當，胸襟也愈恢宏。不但要讀有關於藝術專門研究的書，就是科學哲學史地等書，也必須多涉獵多瀏覽，靜參默會，以求貫通。其次，遊歷的目的是要對於一切事象實地觀察，親身體驗。其功用在洞達人情、物理，吸納瑰麗之氣，涵養性情品格，豐富創作材料。史稱司馬遷遊歷名山大川以後文章才有奇氣。正可以說明遊歷功用之偉大。清唐岱說：「古云，不破萬卷，不行萬里，無以作文，卽無以作畫也，誠哉是言。如五岳四鎭，太白匡廬，武當王屋，天台雁蕩，岷峨巫峽，皆天地寶藏所出，仙靈窟宅。今以几席筆墨間欲辨其地位，發其神秀，窮其奧妙，奪其造化，非身歷其際，取山川鍾毓之氣融合於中又安能辨此哉，彼覊足一方之士，雖知畫中格法訣要，但其所作終少神秀生動之致，不免紙上談兵之誚也。」這不但是對畫家創作而言，其他方面藝術家創作亦當作如是觀。藝術家必須多讀書、多遊歷、多思考、多觀察，然後才能認識物象，洞達人情，了知眞理。

其次再說善。善就是道德。道德是從人品修養中表現出來的。中國藝術家不但注重學問，而且對於道德的修養看得尤其重要。或謂藝術的活動出於直覺，道德的活動發乎意志，前者是超實用的，後者是實用的，二者實無密切的關係。如司馬相如、潘岳、馮延巳之流，人品雖不高，何嘗妨害他在藝術上的成就呢？

要知人是有機體，直覺與意志乃是互相影響，無法分得很清楚的。爲什麼道德的修養會影響藝術的成就呢？因爲最高底道德就是廓然大公。人能廓然大公，則思想感情才能眞純，才能擺脫虛榮的誘惑，和權利的爭逐而達到物我相忘，心平氣和底境界。心平氣和實爲藝術家創作時最要緊的條件。

明唐志契說：「寫畫須要自己高曠」；淸沈宗騫說：「汨沒天眞者不可以作畫，外慕紛華者不可以作畫，志氣隳下者不可以作畫，此數者蓋皆沈沒於俗而絕於雅者也。」他們都是說明人品修養之重要。人品高尙，畫格就超脫；人品卑鄙，畫格就俗劣。故淸張庚評王叔明與趙文敏的畫說：「王叔明貪榮附熱，故其畫近於躁；趙文敏大節不惜，故書畫皆嫵媚而帶俗氣。」語云「言爲心聲」，「畫如其人」，有什麼樣的思想感情，便創作什麼樣的藝術。性情品格實爲思想感情的型範。如屈靈均、陶淵明、杜子美、顏眞卿、倪雲林、石濤、鄭板橋諸大家的作品，或忠貞孤高，或沖虛淡泊，或徜徉自恣，或悲天憫人，莫不是他們整個人格的表現。古今雖也有少數藝術家人品卑鄙而藝術頗有成就的，但畢竟不爲社會所重視。如果這種人再加以品格的修養，我們相信他的藝術的成就一定更優越，更高尙。由此可知道德底活動與藝術底活動，是有密切底關係的。藝術家對於人品的修養，是絕不容忽視的。

再其次我們說美。美是由眞純的感情的園地裡培養出來的花朵。無論是欣賞美，創造美，都離不了眞純底感情。眞純底感情，就是欣賞的趣味，所以又簡稱爲「情趣」。

一個藝術家必須有豐美底欣賞底情趣。應該把宇宙和人生當就一幅完美底圖畫，一支美妙底歌曲，抱著欣賞的態度來看那一切形形色色千奇百怪的事象。往日常見戲臺上的對聯寫道：「天下事無非是戲。」藝術家雖不必「玩世不恭」，但看天下事，必須有欣賞好戲的情趣。

人的生命史就是一幅圖畫，一支歌曲，一篇文章，這許許多多底作品，有的是有藝術價值的，有的是沒有藝術價值的。生命史有藝術價值的人，我們稱他爲藝術人，生命史沒有藝術價值的人，我們稱他爲世俗人。如魯仲連、屈原、陶潛、李白、杜甫、文天祥、史可法，及柏拉圖、蘇格拉底等，卽如他們不遺留文章作品，後人也把他們有藝術性、完整性的生命史當就一幅美底畫去欣賞，去讚揚。他們的生命史就是他們的偉大底藝術創作。

藝術家必須深切認識應當如何生活，如何生活才是藝術底生活。對於宇宙萬事萬物，該取則取，該捨則捨；該看重的看重，該看輕的看輕。有時爲著「吟安一個字，捻斷數根鬚」，有時卻「不爲五斗米折腰」。在認眞時見出嚴肅，在擺脫時見出豁達。時時有眞性情，處處有眞面目，不讓點塵片雲遮掩生命的靈光。使自己的生命史成爲完整底、諧和底、美底畫、美底詩、美底樂曲。這就是所謂眞正底「生活藝術化」。藝術化底生活才是美底感情的表現。

（乙）藝術品

我們已經說過偉大底藝術家，必須具備眞善美三個條件，而偉大底藝術創作也必須是眞善美三個條件一元的。

藝術雖是以美爲目的，不是以眞爲目的，但美之中必須有眞，如果沒有眞底成分，那麼也就無美之可言了。法國美學家波窪羅（Boireau）在其所著詩學中說：「沒有在眞底東西之外尙有所謂美底東西。」黑格爾也說：「所謂美在它的固有的存在上，它本身便是眞理。」就是這個意思。

我們在這裡所說的眞，是指現實的具體底形象而言。但是現實的具體底形象不一定是美的，而藝術品所表現出來的現實的具體形象也不一定是美的。如法庭的紀錄，兒童玩的洋囝囝，和動植物標本，我們不能把它當就藝術品看卽是一例。

儘管有些現實具體底形象不一定是美的，但藝術的美，還必須依附現實具體底形象——眞以表現。如紅樓夢裡的劉老老，雖是曹雪芹虛構的人物，但讀者卻往往把她當就一個眞底鄉村老太婆來欣賞。這就是因爲紅樓夢的作者是根據現實眞有的這樣典型底老太婆而描寫的，並不是全憑主觀意造出來的現實所沒有的人物。因此才能引起讀者的興趣，覺著百讀不厭。

有人說：「做夢，大概誰也經驗過。實際上所做不到的事，在夢中可以做到。平日所空想的境地，在夢中可以看見。例如莊周夢化爲蝴蝶，唐明皇夢遊月宮，都是現世中所做不到的空想的事。……做夢的世界，與眞底世界完全不同。人在現世求之不得的，在夢中可以求得。」其實夢中所遇的事物與境界，無論怎樣稀奇古怪，總不會超出現實的範圍。語云：「女不夢娶妻，男不夢生子。」現實沒有的事物，做夢是遇不見的。

藝術和做夢一樣，超現實而卻離不開現實。它所創造的境界，雖是有些超理想底，但不能沒有現實事象的眞實性。如曹雪芹寫紅樓夢上那種社會、家庭和一切的人物。必須對於那種社會、家庭和各個人物的外在的生活與內在的個性，都觀察得正確，體驗得深刻。有了澈底底瞭解然後才能寫得逼眞活現，入情入理。使人看了不覺其爲虛構。有人說：「眞底花只是花，不是畫，但畫家不能無視了現實的花，畫出世間所沒有的花來。社會上的事象，只是社會上的事象，不是小說。但小說家不能無視了現實的社會事象，寫出社會上所沒有的事象來。」這一段話，差可作爲藝術與眞的說明。

藝術的眞，還可以分形式與內容兩方面來說：形式方面的眞，如紅樓夢林黛玉焚稿，使人流泪；吳道子地獄變相圖，使屠夫改業；中國舊劇演曹操，使觀者摩拳擦掌；俞伯牙彈高山流水曲，使鍾子期起共感共鳴等。內容方面的眞，如西洋名畫最後的晚餐，繪耶穌與十二門徒的故事；中國舊小說桃花扇，描寫侯方域和李香君的故事；白居易長恨歌，寫唐明皇與楊貴妃的故事等。因爲這種藝術對於人物和故事刻畫得生動逼眞，入情入理，所以才能使人感動讚歎，而成爲偉大不朽底名作。

由此可知藝術無論在形式方面，內容方面，都是離不開眞的。離開眞便不可能產生藝術。即如勉強產生，那也是荒唐不合理的東西。

其次我們再說藝術的善。藝術的善是指藝術的內容有道德目的和有道德影響說的。有道德目的的是作者有意把藝術作爲宣傳某種主義或某種宗教的工具，要求藝術的內容有裨於世道人心。文學方面如外國邦揚的「天路歷程」，密爾敦的「失樂園」，嚣俄的「悲慘世界」，華茲華斯的「十四行詩」，及中國「烈女傳」，「浮生六記」，「官場現形記」。圖畫方面如顧愷之畫的「女史箴圖」，吳道子畫的「地獄變相圖」，及「二十四孝圖」。戲劇方面如「桑園寄子」，「殺狗勸妻」，及但丁的「神劇」等。這類作品，在使人辨別是非善惡，提高道德觀念，增加人生幸福。如果藝術上是成功底，便可以收得改善人心，移風易俗的效果。

有道德影響的，是作者無意以藝術作爲宣傳的工具，而也發生道德底影響。文學方面如莎士比亞(Shakespeare)的悲劇，曹雪芹的「紅樓夢」。圖畫方面如米勒的「晚禱」、「拾遺穗」，戴逵的「吳中溪山邑居圖」，夏圭的「長江萬里圖」，鄭所南的「蘭」，文與可的「竹」。古曲方面如「鷗鷺忘機」，「瀟湘夜雨」等。這類作品因爲藝術的成功，可使欣賞者發生高尚的快感。對於人生得到深廣的觀照。盪滌胸襟，涵養情操，解脫性靈，變化氣質，也能收到德育的效果。

雖然形式派美學家如克羅齊（Rcnedetto Croce）等主張爲藝術而藝術，把藝術的活動和道德的活動看就孤立絕緣的兩回事。認爲一切藝術的美原非由有意識的或有目的的動機所造成。藝術就其爲藝術而言，是離效用、道德以及一切實用的價值而獨立的，如果沒有這獨立性，藝術的內在底價值就無從說起。

我們認爲偉大底藝術都是整個人生和社會的反映，包含有道德目的或有道德影響的善底成分，不但對於藝術美的效果沒有損害，並且還有助於藝術美的效果的普遍性與持續性。因此我們說克氏的見解是偏頗不全的。

再其次我們說藝術的美。美就是典型，自然美如此，藝術美也是如此。自然美與藝術美在本質上並沒差異，不過程度的深淺，範圍的廣狹，價值的高低不同而已。

一切客觀現實可以分自然與社會兩個範疇。從自然的範疇看，決定典型性的是種屬；從社會的範疇看，決定典型性的是階層。但是人欣賞自然美也不是單從自然的範疇來看，而還不免要帶點看社會範疇的觀點以爲決定的要素。所以一個鄉村沒有見過世面的人，看見捲髮酥胸的摩登女郎便不一定發生美感。

藝術美也不完全是從自然的種屬性來決定美的典型，而主要還是從社會的階層性來決定美的典型。因此，自然美固可以成爲藝術美，卽自然醜也可以成爲藝術美。如李鐵拐、布袋僧，及不中繩墨的古樹、千創百孔的岩石，雖都是自然醜，而把它寫成詩文或繪成圖畫，就可以變成藝術美了。

現實不是藝術，而藝術也不是現實的再現。雖不是現實的再現，但藝術不能無中生有，還必須以現實的美底典型作基礎，通過作者的心靈活動，加以選擇安排，雕琢鎔鑄，使成爲超現實的藝術的美底典型。所以藝術是現實的強化。藝術的典型美，高於現實的典型美。

藝術不只是在表現現實的形象，主要還是在強化現實的典型美，以完成藝術的典型美。所以不但要注意形式，同時還要注意內容。必須使形式和內容融合一元，才能夠創造藝術的典型美。美是藝術的靈魂，沒有美也就沒有藝術了。

凡是成功的偉大底藝術作品，必須眞善美三個條件一致，才能引起多數人的同情和美感的持續。固然形式派美學家認爲藝術作品是否成功，就要看它能否使人無暇取道德的態度，而專把它當就純意象看。我們也承認藝術的美是要憑直覺來欣賞的，但直覺的欣賞如「曇花一現」，剎那卽逝的，不可能長久捉摸的。如想使美感與快感持續，必須藝術品具備眞善美三個條件。除領略意象的美外，還能繼續玩索眞與善方面的情趣。因此眞善美三者無論在藝術家方面或藝術品方面，都必須融合爲一元，不能視爲是孤立絕緣的。

第三節　和諧與統一

諧和與統一不但是藝術形式的法則，同時也是一般美的形式法則。無論什麼事物的形式，合乎這兩個法則的就是美底，違背這兩個法則的便是醜底。而藝術創作尤其爲然。

例如紅樓夢裡面安排有數百人物，並且還穿插很多細微底情節。各個人物，性情不同，身分不同，像貌不同，服飾不同，各種情節，發生的原因不同，演變的過程不同，終局的收場不同。分開來看，意象非常散漫、雜亂。但由於作者把每一個人物刻畫得生動逼眞，每一種情節也穿插得恰當自然，所以在雜亂中能構成一個完整底、統一底、諧和底美底意象。又如西廂記遣詞造句全都很清新雋美，可惜把張君瑞描寫得太卑鄙浪漫，不但和他的身分性格不調和，而且前後也不一致。因此便破壞了全書的統一性，和意象的完整美。

在繪畫方面對於諧和統一尤其重視。如西洋畫講究「均衡」，「漸層」，「色調」，「統調」，「基調」，「主調」等。中國畫講究「開合」，「虛實」，「賓主」，「疏密」，「聚散」，「濃淡」，「乾濕」等。都是在使畫面諧和、統一，而完成一片幽美底意境。宋李成說：「凡畫山水，先立賓主之位，次定遠近之形，然後穿揷景物，擺布高低。」元湯垕說：「畫有賓主，不可使賓勝主。」畫畫構圖如不立賓主之位，或使賓勝主，那就成了多元，而不統一了。故虛實賓主之間，最忌散漫而不團聚。必須密切關聯，渾然成爲一體。清華琳說：「大小相間，前後相映，有起伏，有隱現，參伍錯雜，主賓顧盼，縱塊數甚多，總要聯絡有情。」「參伍錯雜」及「塊數甚多」，就是美學上所說的「多樣」；「主賓顧盼」及「聯絡有情」，就是美學上所說的「多樣統一」。不管構圖設色如何複雜，只要不違背「多樣統一」和「統調」的原理，便可以表現出諧和底美來。例如西洋名畫「最後的晚餐」，耶穌坐在正中，十二門徒分坐兩側，因爲各個人的姿態不同，形成對稱底多樣統一。又如中國名畫「清明上河圖」，上面共繪有三千多人物，千態萬狀，無一雷同。雖分成若干部分，各司其事，但能互相聯絡顧盼有情，而且賓主虛實、開合以及設色用筆乾濕濃淡無不合宜。因此使人只覺其「諧和」「統一」，而不覺其扭捏、散亂。

在音樂方面，「諧和」與「統一」也是很重要的。樂理上說一音必有其倍音，兩個音有共通的倍音時，就發生諧和底音。如小提琴與鋼琴發同高底音時，就成爲共通的諧和底倍音來。

音樂不諧和就是「單調」。調子不統一就是「雜亂」。諧和是由拍子與節奏表現出來的。拍子節奏分輕重緩急、抑揚頓挫，則音調便諧和；反之，拍子節奏不分輕重緩急、抑揚頓挫，則音調就平淡。如北平送殯的「吹鼓手」在送殯時，雙手抱著大喇叭，老是吹著通通通，通通通底音調，沒有一點變化，使人感覺平淡可厭。但在月白風清之夜，橫著梅笛，吹曲「梅花三弄」，或操著綺琴，彈曲「瀟湘夜雨」，卻引人入勝，有飄飄然之感。這就是因為前者音節不諧和，後者音節諧和的原故。

樂曲之旋律及音響之高低，必須有一個標準。標準就是調子。如西樂「A」調、「B」調；國樂「黃鐘」、「蕤賓」等調是。

在一曲中有為主的調子，以統御全曲，也稱「主調」或「基調」。但一曲中不能有兩個主調，否則音響卽不能統一。樂曲如果沒有調子，則旋律音響前後不能呼應，必然錯謬雜亂。因此必須先定調子，使音之高低，不致漫無標準。有了標準則旋律音響才能統一。音調統一，節拍諧和，才是最美的音樂。

虞書舜典說：「直而溫，寬而栗，剛而無虐，簡而無傲。」樂記說：「樂聲淡而不傷，和而不淫。」這都是古人對於音樂所定的標準。如果依照這種標準製作曲調，便可以收到「八音克諧，無相奪倫」及「天地和，萬物順」的功用。

諧和與統一，在戲劇方面也是很重要的條件。因為戲劇是綜合藝術，不但劇詞本身要諧和統一，並且腔調、表情、動作、臺步、服裝、道具、及鑼鼓管絃等也必須與劇詞協調配合，否則卽沒有藝術價值。

例如中國歌舞劇中之「平劇」，劇詞、聲調、化裝、表情、臺步、鑼鼓、胡琴，全都結成有機體。有一定的標準，有嚴格的規矩，互相配合，絲絲入扣。整齊之中而有變化，變化之中而有統一。那種嬌柔婀娜底姿態，婉轉蕩漾底聲調，飄灑輕靈的動作，眞使人有暫脫塵韁，凌雲行空之感呢。儘管有人認爲平劇缺點尚多，但如以純藝術觀點來看，平劇畢竟不失爲諧和底、統一底，最有價值的綜合藝術。

總之，無論那一種藝術，在構成時都必須要有一元化的規律。規律就是各部分對各部分要發生關係；使各個部分都能配合恰當，在關聯中而有諧和，在諧和中而有統一。

第四節　內術品與外術品

一個藝術家，無論創作詩、文、樂譜、戲劇、圖畫、雕刻，必須在事先對於創作各方面都要有深刻底認識和熟練底技巧。有了認識和技巧，再加以選擇、洗煉、陶鎔，然後才能在腦海裡泛出一幅或一篇大致底輪廓。這種大致底輪廓，在詩文叫「腹稿」，在畫叫「胸有成竹」，在美學上統稱爲「內術品」。

一般底藝術創作，內術品之完成，大都要經過一個相當時間的醞釀。雖也有「見景生情」，「筆到意生」，全憑靈感不加思考的，但這種創作卻是極少數。

內術品無論如何美，不能算是藝術。必須藉工具把它寫成詩文，畫成圖畫，唱出歌曲，刻成器物，有符號可讀，有形象可見，有聲音可聽，才能算是藝術，依照內術品表現出來的符號、形象、聲音在美學上統稱之爲「外術品」。

內術品是藝術創作的開始，外術品是藝術創作的完成，二者如「車之兩輪」，「鳥之兩翼」，有相輔相成的功用，缺一則藝術卽不可能產生。卽如上文所說「見景生情」，「筆到意生」，也仍然是原有的內術品之再現。倘使一個沒有畫過畫的人，他能「筆到意生」麼？

意大利美學家克羅齊（Rcnedetto Croce）認爲意識中的意象之構成，便是藝術創作的表現。而用種種工具表現出來的形象、顏色、符號，不過是死的東西，不能算是藝術底創作。他的意思是只承認「內術品」的藝術價值，而不承認「外術品」的藝術價值。他不但否認了客觀底欣賞，同時也否認了藝術本身的存在。

要知藝術本身是社會底，並不是「象牙之塔」裡一瓣心香。無論於其性質，於其功用，殆無一不與社會發生關係。西哲哥爾特說：「凡藝術家，多屬解放一切感覺的人，視人我如一忘去人我的人；故藝術家純屬社會底。至其所以爲社會底，純因有純眞底情緒存在。純眞底情緒，就是聯繫人己及事物的綰索。」又說：「藝術的效果，在個人方面，則使成爲超越時地的宇宙市民；

在社會方面，則使在人們感情中創造一種超越時地底眞實社會。」

因爲藝術是社會底，所以藝術底創作必須有欣賞者。藝術家並不以意識裡初步構成的內術品供自己玩索怡娛爲滿足。而他還要把內術品表現出來，使別人也能發生和自己同樣的情趣和感興。就是美學上所說的「共感」、「共鳴」。因此藝術不像克羅齊所說的只求在意識裡構成意象便已達到表現的目的。他還要進一步把這種意象傳達於天下後世。既要「傳達」，那麼就必須使「內術品」變成「外術品」。

我們認爲「內術品」之結構，要靠靈感與認識——知，「外術品」之完成，要靠經驗——行。有認識而沒經驗，充其量只能結構「內術品」，而不能完成「外術品」。如有些美術鑑賞家，雖然讀過很多理論，看過很多名作，而如果沒有創作的經驗，即如能在意識裡勾出來一個輪廓，而提起筆來卻不免「畫虎類犬」，手不從心之感。不但作畫如此，而文藝創作也莫不如此。一個「讀破萬卷書」的人，如果沒有寫過一篇文章，不但不會製作出來外術品，就是簡單的內術品——腹稿，也必結構不來。所以藝術創作，光有認識與靈感而沒有經驗，外術品是不可能產生的。

但話又說回來了，如果藝術創作光有經驗的——行，而沒有認識的——知，即如能夠產生出來作品，但絕不可能產生出來成功底藝術作品。凡是成功底藝術作品，在結構內術品之先，就必須經過觀察、比較、分析、綜合等縝密底思考。否則對於客觀事物一無所知，怎麼能夠表現出來美底典型呢？

常見兒童們爲著美慾的衝動而在地下或牆上畫出種種物象來，因爲他們對於客觀事物既無所知，而技巧上又沒有訓練，所以這種畫儘管趣味豐富，但我們不能承認它是成功底藝術創作。又常見街上廣告店畫工們畫廣告，雖然技巧非常熟練，經驗也很豐富，但他們只會「比葫蘆畫瓢」而不能創作，這就是因爲他們全憑一點經驗而對於客觀事物的本質茫然無所知的原故。

由此可知必須認識、靈感和經驗融合一元，才能產生成功底內術品與外術品。必須藉一切工具把內術品表現出來，則藝術創作才算完成。而藝術對於社會人生才更有貢獻。

第五節 主觀與客觀

藝術的創作過程分爲兩個階段：第一是認識階段，第二是表現階段。第一階段首先對於客觀底現實事物的本質要有眞切底認識，有了眞切底認識，然後再通過主觀底美底感情，予以選擇鎔冶，才能構成美底意象。認識是意識的活動，一切認識都是由客觀現實所產生的，沒有客觀現實便根本不會有認識。

至於認識構成的過程，英國經驗論者洛克（Locke）認爲人類意識最初像是一張白紙，然後被經驗塡滿。由外物的刺激而生感覺，由感覺而發生觀念，而構成認識。這是很正確的。但他又認爲認識的根源是感覺，而感覺雖是由外物的刺激而起，可是外物並非感覺的內容，這一點我是不敢贊同的。

我們認爲意識不但是被動底接受外物的刺激，而且是能主動底反映外界事物的。機械底唯物論者認爲意識完全是被動底接受外物的刺激固然錯了，而經驗論者認爲所感覺的不是客觀的外物也錯了。

例如論語上說：「子聞韶，三月不知肉味。」因爲孔子的意識領域裡，全被「韶樂」所佔據，雖是味覺常受肉的刺激，但它沒有得到意識的命令，不敢妄起反應，所以三個月就不知道肉是什麼滋味。又如我現在正在聚精會神寫文章，隔壁學生亂吵亂嚷，我彷彿沒有聽見似的。這也就是因爲現在我只有一個寫文章的意識，意識不發命令叫聽官接受別的刺激，那就「聽而不聞」了。這可以證明意識是能主動底發號施令的主宰，而不全是被動底接受外物刺激的奴隸。

主觀的意識和客觀底外物都是認識的源泉。二者如車之兩輪，缺一不可。沒有感覺固不能有認識，沒有外物則認識也無由產生。所以主觀客觀在認識的領域裡本是一致，不是對立底。例如李白說：「白髮三千丈，緣愁似個長」這種主觀底誇大，從表面看是違背現實不合實際的，但仔細研究一下而還是作者憑主觀底感覺和客觀底現實而構成的認識。蓋白髮是由於愁思引發的，他感覺愁思有三千丈，所以感覺白髮也有三千丈。又如岳飛滿江紅上說：「怒髮衝冠」。人怒，髮雖不一定衝冠，但頭髮上指卻是事實。他們這幾句詩詞所以有藝術價值，就是因爲它是由於作者融合主觀底感覺和客觀底外物所構成的認識產生出來的。

西洋實證主義美學家認爲藝術是主觀精神活動的產物。完全靠美底意識和美底情緒，與客觀外物是沒有關係的。自然主義美學家認爲藝術是對自然忠實底摹寫，並非主觀底創造，它完全是客觀底東西。這兩派的主張和前面所舉觀念論者與唯物論者兩派的主張很相類似，同樣都是不完全底。藝術的表現，一方面是描摹意識中的意象，意象是由於意識的活動對於客觀現實的認識產生的，所以藝術有客觀性。一方面又憑主觀底感覺對於所描摹的意象加以批判、修改、和強化，所以藝術也有主觀性。

另一方面，沒有客觀性，則藝術也無由產生。儘管西洋表現主義者主張藝術要自我創造，不應摹仿自然；我國文人畫派主張抒發胸中逸氣，不求形肖外物，但他們在藝術上所表現的不過是客觀現實的強化，並不是完全擺脫現實的自我精神的創造，因爲擺脫現實而創造藝術是根本不可能的。

藝術一方面是客觀現實本質的反映，一方面又是主觀底感情的表現。感情是藝術的靈魂，藝術沒有主觀底感情，便成了沒有靈魂的「木乃伊」了。所以藝術的主觀性，不但自然有的，而且是不可少的。如唐時張打油的詠雪詩：「大地一籠統，井上黑窟窿，黑狗身上白，白狗身上腫。」因爲四句全是描摹客觀現實的景物，沒有一個字是抒發主觀底感情，只有空架子，沒有新生命，所以也就不是藝術了。又如杜甫的詩：「岸花飛送客，檣燕語留人。」岸花沒有知怎解送客？牆燕雖有知，未必留人。「送」與「留」兩個動詞，全是作者主觀感情的滲入。所以這兩句詩不但意境幽美，而且也有了生命了。藝術所以有超自然的美，它的價値所以高於自然。就是因爲浸漬有作者主觀底感情，而是有生命地活潑潑地東西。

藝術既是對於客觀現實的本質認識的反映，雖不必作自然底複製，但也不能離開自然。離開自然，是不可能產生藝術的。例如前面所舉的「岸花飛送客」句，如果把岸花客三種自然物去掉，還有這樣幽美底意境麼？所以藝術必須根據自然以表現，是不能憑空創造出來的。

事實上藝術上的客觀與主觀是不能各自孤立的。當客觀現實和主觀意識與感情發生婚媾的時候，那客觀現實已不是單純底自然，而成爲人物「一元化」底東西了。例如唐張繼的詩句：「老盡名花春不管，年年啼鳥怨東風。」花鳥東風雖是自然，但滲入作者主觀底「不管」和「怨」的感情，它便成了人和物婚媾以後的結晶品——藝術，而不是自然了。

由此可知藝術的客觀性和主觀性，不但不是相反的，而且還是相輔相成的。因爲二者有裁成輔相的功用，所以在藝術創作上是一元的，而不是二元的。

第六節　內容與形式

有人說藝術的內容就是藝術的認識，而藝術的形式就是藝術的表現。我認爲這是一種誤解。

要知藝術的認識就是美學上所說的「內術品」；藝術的表現就是美學上所說的「外術品」，內術品和外術品與內容和形式，是有很大的區別，而不能相混的。

從藝術的性質上看，可分兩種：一種是內容和形式不能分的，如詩、文、小說及戲劇等；一種是只有形式不必有內容的，如繪畫、音樂、雕刻、書法等。從藝術表現的題材上看，也可分兩種：一種是注重所表現的事物的意義與價值的，即注重內容的；一種是注重所表現的事物的形狀、色彩、位置、神氣、音調、節奏，而不講究其意義與價值的，即注重形式的。前者是思考底，注重心的；後者是直感底，注重眼耳的。

注重內容的在畫的方面，西洋畫如拉飛爾的「馬童那」是以宗教爲題材的，米勒的「拾遺穗」及「持鋤的男子」等是以表現勞動農民的生活爲題材的；中國如「麒麟閣功臣像」，「武梁石室的壁畫」，及晉顧愷之的「女史箴圖」等，是以帝王、聖賢、忠臣、烈女的事跡爲題材的。魏晉六朝隋唐的佛像「天尊圖」及「地獄變相圖」等，是以宗教爲題材的。「十八學士登瀛洲圖」及「二十四孝圖」等，是以貴族生活、風教、道德爲題材的。「江山雪霽圖」及「漁樵耕讀圖」等，是以隱遁思想爲題材的。有一種畫本身本沒有內容，以文字補足其內容。如清初某人畫一幅紫牡丹，畫的本身本沒有內容，而在上面題「奪朱非正色，異種亦稱王」兩句詩，寓漢人不甘屈爲異族臣民之意，居然也有內容了。昔見陝西廟臺子留侯廟有峒世英畫蘭石刻，畫的本身雖沒有內容，但他在上面題著：「如何一入長安市，爛賤而今不值錢！」於是畫也就有了內容。還有一種畫，是以構圖暗示其內容的。如宋蘇東坡畫蘭配荆棘，寓君子能容小人之意。鄭所南畫蘭露根，寓國破家亡，無地可托之意。夏圭畫山水，不畫山根，亦寓國破本失之意。明亡以後，石濤畫山水，大都一片荒率模糊，以暗示「殘山賸水」。以上各例都是注重所表現的事象的意義與價值。在畫的內面含蓄著思想、感情或主義，既訴之於觀者的眼，又訴之於觀者的心。

在音樂方面，西樂如基督教唱的讚美詩，是以宗教爲題材的；中樂如詩經裡的頌，是以歌頌政教爲題材的；司馬相如的「鸞鳳求凰」曲，及現代的「桃花江」歌，是以求愛爲題材的；「漁光曲」是以漁民生活的痛苦爲題材的；「抗戰歌曲」是以抗敵救國爲題材的。有一種樂曲，其本身沒有內容，而以音調節奏暗示其內容，如普塞爾（Purcell）用下降調暗示屈羅城（Troy）的衰落。曉朋以緊張的節拍暗示急雨墮瓦。這些例子也都是注重內容的，不但訴之於耳，而且是訴之於心的。

注重形式的，在畫的方面：西洋畫如印象派的風景畫和靜物畫；中國如花卉、翎毛、蔬果，都是其例。這種畫的目的，不在所描寫的事物內在的意義與價值，而在畫面的筆法、設色、構圖及傳神的形式上。完全憑直感欣賞它的美。是訴之於眼，而不訴之於心的。

在音樂方面，無論古今中外，凡是有譜無詞的樂曲，除極少數含有暗示內容者外，大都是只有形式而沒有內容的。欣賞這種樂曲也完全憑直感，不雜聯想，是注重形式，不問內容的。

美學家克羅齊認爲藝術作品是完整底有機體，內容與形式不能分。藝術之所以爲藝術，就在內容得到形式。未經藝術賦予形式以前，內容只是雜亂底印象，生糙底自然，我們就無從從藝術的觀點去討論它。賦予形式之後，內容與形式混化爲一個有生命底東西，我們也無從從藝術的觀點把內容單提出討論。但我們所說的「內容」，是指藝術成品所包含的某種意義而言，克羅齊所說的「內容」是指未完成藝術以前的「素材」而言。素材只是素材，而不能把它當就藝術的「內容」。因此，從藝術的觀點把內容與形式提出來討論，仍有必要。

藝術究竟應該注重內容呢？還是應該注重形式呢？近代美學家對於這個問題見仁見智其說不一。內容主義者認爲藝術的功用，在傳達感情，打破人我的界限，指導人生向上的途徑。其價值完全決定於所表現的思想和感情。如果所表現的思想感情是善底，那麼這就是有價值的藝術；如果所表現的思想感情是惡底，那麼就是沒有價值的藝術。這一派可以以俄國文豪托爾斯泰(Tolstoy)作代表。他在他的藝術論裡直置藝術的價值於藝術的形式以外，並分藝術爲眞藝術與假藝術，及善藝術與惡藝術。對此用兩種標準以爲衡量的尺度：第一、爲對社會感受性的多少，第二、爲作品所表現的有無道德和宗教的意識。他主張藝術除効力社會以外，別無價值。

像托爾斯泰這種思想，在我們中國發生也很早，唐張彥遠在他的歷代名畫記敍文裡說：「畫，成人倫助教化者也。」同時韓愈也喊出「文以載道」的口號。因此我國藝術作品，大都含有道德和宗教的意識。而一般國民對於這種「載道」底作品也特別重視。尤其是現代最風行的宣傳漫畫，幾乎完全注重在內容的價值。但是由於過分重視藝術內容，便只成了千篇一律俗爛底勸戒文告、宣傳畫、口號詩了。因爲這種作品的政治性、宗教性，有重於藝術性，所以大多形式上沒有絲毫藝術價值。儘管內容如何有意義，如何有價值，但並不足以引起觀者的注意。結果「成人倫助教化」的功用也就等於零了。

形式主義者，他們的口號是「爲藝術而藝術」，根本反對藝術含有任何表意的成分。他們認爲藝術所追求的完全是形式美。如音樂就是高低音響的連續，繪畫就是明暗顏色的配合。除此形式之外，什麼都與藝術的美無關。他們並且認爲在美感經驗中應聚精會神於一個孤立絕緣的意象上面，不宜旁遷他涉，使直感變爲思考，使注意力由美感的意象移到其他的事物上去。藝術的價值，完全決定於形式的美。如果沒有美底形式，縱有極寶貴底內容，也不能產生美底有價值底作品，如印象派大師賽尙不是在一塊布和幾個蔬果上也能表現出來不朽底傑作麼？

在理論方面最早偏重形式而忽視內容的是德國哲學大師康德。後來如叔本華（Schopenhauer）、尼采（Nietzsche）、克羅齊諸家也特別重視藝術的獨立性，反對旁涉到科學倫理種種方面去。康德的天才論以爲一切底藝術美原非由「有意識的」，或「有目的」的動機所造成。其動機全由一種「無意識的」、「無目的」的神祕性所啓示，從生命的內部自由產生。而這種無目的的動作進而與目的相合，就是藝術美的本質。若混入其他的目的，便使動機不純，就有傷美底實在。這一派學說到近代很佔勢力。在文學方面的浪漫派，在繪畫方面的後期印象派，在音樂方面的形式派，都是主張著重形式摒絕內容的。這種思想發展到極致，就變成了「形式至上」主義。只知形式美的陶冶的價值，而不知內容善的感染的價值。結果使藝術成爲感覺遊戲，與社會事象不發生關係。

內容主義和形式主義兩種極端不同的見解，都太主觀太偏向，不足以作爲衡量藝術的價值的尺度。

我們認爲有價值的藝術既是需要「眞善美」一元的，那麼內容與形式也需要並重而不能偏廢的。藝術之所以能貢獻人生，服務社會，就在它既有藝術性，同時又有宣傳性。藝術光有好底內容，沒有美底形式，固不能成爲藝術；而光有美底形式，沒有善底內容，也不能算是盡了藝術的功用。所以藝術的內容與形式，應該是融合底、一元底。

第七節 美感與快感

在十八世紀英國經驗學派的代表白克烈（Berkeley）把美感和快感看就一件事。他認爲繪畫之美只在於色彩和光暗之悅目的配合；音樂之美在於音調諧和之悅耳的連續。所以快感同時也是美感。經驗派哲學家休謨（Hume）也主張快感就是美底。但他以爲快感雖是美感，而一切的快感未必盡是美感。如飲幾杯醇酒，吃一美饌，固然可以引起快感，卻不能把這種快感當就美感。因此快感之爲美感，還須要有其他適當底條件。

朱光潛對於經驗學派的此種說法極力反對。他說：「美感是不沾實用，無所爲而爲的，尋常快感則起於實用要求的滿足。例如喝美酒所得的快感，由於味感得到所需要的刺激，和飽食暖衣的感覺同爲實用底，與觀賞形相無關。有時喝酒自然也可以成爲一種藝術，但是藝術的滋味，不在飲酒所得的口腹方面的快感，而在飲酒使人忘去現實而另闢一新天地。」又說：「在美感經驗中，意識中只有一個孤立絕緣的意象。如果同時想到我現在覺得愉快，注意力就由意象本身轉到意象所生的影響。所欣賞的意象便不復孤立絕緣，而我的活動也不復是直覺底而是名理底了。」

我們認爲快感應分兩種；凡是由於筋肉運動的感覺而得到的快感，我們叫「低級快感」。如「洞房花燭夜」，「金榜題名時」，飲醇酒，吃美饌，或買彩票中獎，或偶然看見久別的愛人的快感，就是低級快感。凡是不由筋肉運動的感覺而得到的快感，我們叫「高級快感」。如聚精會神欣賞自然美的景色，讀詩文，聽音樂，看畫，觀劇，或玩索其他如意的事物，不用抽象底思考，不起複雜底慾念，物我相忘，悠然自得底快感，就是高級快感。

也許有人惑疑我的說法要問：飲醇酒，吃美饌，由於筋肉運動感覺舒適快樂，固然可以算是快感。如觀自然美景，看畫，觀劇，到物我相忘，悠然自得底境界，這明明是美感，怎能說是快感呢？

其實是用不著惑疑的。要知與「快感」相對的就是「苦感」，如沒有苦感即如不是由於筋肉運動而感覺的舒適，也同樣是「快感」。例如佛教禪宗坐禪到「入定」的境界一念不起，萬慮俱空，那正是眞實底「高級快感」。又如莊子上說：「至人無憂，至人無樂。」至人者，聖人也。聖人無憂無樂，那才是眞正底樂，長久底樂。眞正底樂，長久底樂，也就是高級快感，又如中庸上說：「喜怒哀樂之未發謂之中。」在喜怒哀樂未發的「中」底境界裡面自然也包含有「高級快感」。所以我們認爲沒有「苦感」便是「快感」。不用思考，不起慾念，悠然自得底快感，是「高級快感」；由於筋肉運動「眉開眼笑」，「手舞足蹈」所表現出來的快感是「低級快感」。美感是要擺脫實利觀念的，是無所爲而爲的。低級快感則起於實用要求的滿足，與美感是不發生關係的。但高級快感卻是美感的持續，二者是融合的，不可分的。朱氏把美感和快感當就孤立絕緣的「兩元」，我們認爲是一種誤解。

關於美感的發生，一方面看客觀事物是否美底典型；一方面看主觀底性分是深是淺，對於美的典型的感覺與認識的程度如何。當人的感官與事物的形象或聲音接觸時，如果是合意底，便欣然起一種美感，並聚精會神去欣賞、玩索，卒入於物我相忘，悠然自得的境界。這時美感便轉化爲「高級快感」。因此我們說「高級快感」就是「美感」底持續。

朱氏認爲吃酒有時可以成爲藝術，但是藝術的滋味，不在口腹方面的快感，而在使人忘去現實，別創一種境界。因此他只承認口腹的享受是快感，不承認玩味酒的美忘去現實的境界是快感。

我們認爲飲酒所得的口腹方面的快感，即我們所說的「低級快感」；玩味酒的美忘去現實的境界的快感，即我們所說的「高級快感」。這種快感並不像朱氏所說：「我現在覺得愉快，注意力就由意象本身轉到意象所生的影響，不復是直覺底而是名理底了。」美感不但不因「高級快感」而殞滅，並且還藉「高級快感」而延續。二者實有密切底關聯性，並不是兩種孤立絕緣底東西。

第八節 美的同情

感時花濺淚，
恨別鳥驚心。

這是一般人最喜引用玩索的名句。人在對於時令季節有了感傷的時候，花也會「濺淚」，當懷著別恨，黯然銷魂的時候，鳥也會驚心。

花眞會爲人濺淚麼？鳥眞會爲人驚心麼？不，這完全是藝術家同情心外射的作用。人雖然都只能直接瞭解自己的思想、意志、感情和所處的境地，但往往「以己度人」或「推人及物」。認爲自己有什麼樣的思想、意志和感情，也認爲別人和物亦必有什麼樣的思想、意志和感情。如莊子在濠梁見鯈魚出游，比目銜尾悠然自得的樣子，便覺「是魚樂也」。這就是憑自己主觀的經驗，以推測物的感情。人必須有這樣的推測，才能知人、知物。能知人知物，才能愛人愛物。這就是儒家的「恕心」。也正是中庸上所說的：「惟天下至誠為能盡其性，能盡其性，則能盡人之性；能盡人之性，則能盡物之性；能盡物之性，則可以贊天地之化育；能贊天地之化育，則可以與天地參矣。」人到「贊天地之化育」，「與天地參」的境界，就是人與人，人與物，心靈交感，融通無礙，最高的美，最大的同情的表現。

美的同情，在美學上叫「感情移入」，在中國畫論上叫「遷想妙得」。感情移入的作用，就在「物我同一」，「物我相忘」。不但推己及物，有時也化物為我，自己在抱恨，覺著花也凝愁，自己在悲傷，覺著燭也流淚。看見秋木零落，自己就惆悵；看見春花榮暢，自己就喜悅；看見龍幹虬枝的古松，便仰慕它的高風勁節；看見秀逸絕俗的幽蘭，便豔羨它的孤芳清芬。不但覺著有生命的東西都是有感情的，而且覺著頑石流水落月行雲也莫不是活活潑潑地有生命的。

感情移入，好像癡人作夢，本來沒有關係的事物，它替它們拉關係；本來沒有感情的東西，它把它們做弄得有感情。例如蘇東坡的詠海棠詩：「只恐夜深花睡去，故燒高燭照紅妝。」葉靖逸詠遊小園不值詩：「春色滿園關不住，一枝紅杏出牆來。」杜甫的漫興：「顛狂柳絮隨風舞，輕薄桃花逐水流。」這都是人把主觀的感情外射到客觀的外物上去，使自己的情趣與物互相交感的結果。

感情移入，在美的欣賞和藝術創作兩方面不同。在藝術創作的時候，作者好像萬能的上帝。把物吸納在自己的感情裡，憑主觀加以創化。其所創化出來的物，既像物，亦像自己；既不完全是物，也不完全是自己。而是由於感情移入的作用，把物我融合爲一的美底典型。

比如畫家要畫古松，你必須把古松那種蒼老勁拔的氣魄吸納在自己的感情裡，才能在筆下創化出來蒼老勁拔的古松。但創化出來的古松，既不完全是物質世界的古松，亦不完全是精神世界的古松，而是物我融合的古松。

文藝的創作雖是比較重寫實，但移情作用也是少不了的。例如曹雪芹寫紅樓夢，他把許多不同典型的人物容納在心靈的聖水裡，一個個「受洗」以後，都變成藝術天國裡安琪兒。這些人物既不完全是實際的人，亦不完全是曹雪芹幻想的人，而是人與人心靈交感創化出來的人。

戲雖與文藝繪畫創作不同，但亦不離移情作用。例如伶人演關公戲，必須先仔細揣摩關公的身份性格，言語笑貌，把關公的一切都容納在自己的感情裡，然後才能創化出來一個舞臺上光明磊落的典型底關公。創化出來的關公，他的言語笑貌既不完全像三國桃園結義的關羽，又不完全像以「梨園」爲生涯的伶人，而是關公與伶人融合爲一的人。

法國女名伶沙拉邦那（Sarah Bernardt）說：「我在演戲的時候，埋沒自己的性格，另換一個性格，周旋於夢也似的生活境界裡，忘記了現實的一切。」她另換那個性格，就是把劇中人的性格容納在自己性格內，創化出來的性格。

再說音樂創作對於移情作用亦不例外。音樂家在作曲製譜時，往往把固定的人事和物態，用不可捉摸的音聲具體的表現出來。例如中國音樂家俞伯牙取高山流水入樂曲，司馬相如取鸞鳳求凰入樂曲；西洋名音樂家瓦格洛取鳥語入樂曲；曉朋取急雨墮瓦入樂曲。他們把巍峨的高山，泱漭的流水，清脆的鳥語，淅瀝的雨聲，容納在自己的感情裡，而創化出一種不易描繪的曲調。這種曲調，雖不完全像高山、流水、鳥語、雨聲，卻是高山、流水、鳥語、雨聲和作者的心靈交感之後，以聲貌形的產物。

在欣賞美的時候，移情作用便不同了。欣賞者無論是欣賞自然，或欣賞藝術，必須把自己的性格、感情，沒入於所欣賞的對象之中，使自己和對象融合爲一。覺著對象就是自己，自己就是對象。彼此沒有隔閡，沒有分別，沒有距離。這時並且覺著自己所處的境地，是渾然一體的，美滿無缺的，超凡出塵的世界。

程明道偶成詩：「閒來無事不從容，一覺東窗日已紅，萬物靜觀皆自得，四時佳興與人同。」因爲他在閒暇無事的時候，聚精會神的靜觀萬物，把悠然自得的心情完全沒入於物，所以覺著萬物也都是悠然自得的。而且他在一年四季都有好的興致，所以覺著萬物在一年四季之中也是與人同樣有好的興致的。法國女小說家喬治桑（Georgesand）說：「在我觀賞大自然的時候，忽然忘記我的存在。覺著自己是花草樹木，是飛鳥，是行雲，是高山，是流水。」因爲他的感情完全沒入於自然萬物，所以才能把心靈帶到另外一個物我相忘的境界，去分享一切的活動和生命。

按我個人欣賞自然的美感經驗也是如此。當我們觀賞華山將軍松的時候，把我的感情完全沒入於古松的身上。我忘記了我，我忘記古松以外的一切。不但覺著我亦有古松那樣魁偉挺拔的身材，大力無敵的臂腕，並且覺著還有古松那樣凌雲傲寒倔強不屈的氣魄。當我登臨太白山絕頂的時候，俯仰上下，「惟有天在上，更無山與齊。」覺著我就是太白山，我是宇宙的主宰，我最偉大。我可以睥睨四海，總攬八荒；塵土富貴，敝屣王侯。當我乘船過洞庭湖的時候，對著泱漭浩瀚的波濤，感覺自己的胸襟忽然開濶，成百成千的大帆船都在我心胸中盪漾搖曳，彷彿自己已就是那水天相接一望無涯的洞庭湖。法國詩人波德萊爾說：「你聚精會神的觀賞外物，便渾忘自己存在，不久你就和外物混成一體了。」只要是有美感經驗的，都會體會到這樣感情移入的作用。

感情移入的作用在藝術的欣賞中也是很重要的成分。例如觀王摩詰的畫，即有超然灑落，高遠淡泊之趣；觀李思訓的畫，便有金碧輝煌，富麗巧整之感；觀趙孟頫的畫，如接嬌柔媚豔的美人；觀倪雲林的畫，如對飄逸出塵的高士。讀李密陳情表，使人悲惻；讀孔明出師表，使人奮與；讀滿江紅使人激昂；讀正氣歌使人憤慨；讀水滸傳使人剛強；讀紅樓夢使人頹廢；聽高而緩的樂調，歡欣鼓舞；聽低而急的樂調，抑鬱悽惻；聽「鷗鷺忘機」，悠然意遠；聽「秋江夜泊」，蕩漾搖情；觀喜劇發笑，看悲劇流淚；觀「嫦娥奔月」，不覺神馳廣寒；聽「賀后罵殿」，只感威震朝廷。以上所舉，都是藝術欣賞移情作用的實例。無論欣賞什麼藝術，必須把自己的感情沒入在對象裡，才能發生共感共鳴與藝術融合無間。

有人認為美感態度不一定感情移入。雖不起移情作用，也往往有很高的審美力。如德國美學家佛拉因斐兒司（Muller Frenfels）便把審美者分為兩類：一為「分享者」，一為「旁觀者」。分享者觀賞事物，把我放在物裡，設身處地分享它的生命。旁觀者只抱靜觀的態度去觀賞事物，雖不必使感情與物同化，卻也能領略到物的美來。

我們認為無論是藝術創作，或美的欣賞，只要是與對象發生共感共鳴，都是感情移入的作用。斷沒有不與物交感的「旁觀者」而能親切的領略到物的美的。最高的美，最偉大的同情，就在物我交感，物我相忘，物我一元，創化一個有情趣有生氣的世界。

結論

本著十一章，我特別把「宇宙」放在第一章，因爲宇宙是包含萬有，其大無外的天體，同時也是最大的諧和體。人是宇宙中的配件，又是宇宙中的主體。人必須知天，才能知人知物。天有好生之德，長養萬物之能。人不但要知天，並且更要順天、敬天、威天，永遠與天合其德，才能保持宇宙「一元」之諧和。否則，人如違天，製造分裂，必會招來無窮的災禍。

第二章說明「原子」，涉及到科學範圍，其目的是藉科學爲一元定律找出來一個佐證。原子雖是宇宙最微小的組成份子，但它在宇宙間也是最重要的一環。原子好像一個太陽系，原子核好像一個太陽，電子好像我們的地球，藉介子的引力作用，循一定的軌道繞原子核運行而不離亂。按原子的組織說固是「一元」的；按它的質能說也是「一元」的。如果介子失去了膠著的能力，則原子內部的組織就無法維繫了。

第三章「自然現象」，是就宇宙之變化闡明「一元」之重要性。大自然雖是千變萬化，但從各個事物「同」的方面來看，也莫不是「一元」的諧和體。

如雨露霜雪，表面雖然不同，但它的屬性（濕）卻沒有兩樣。因此，全能溶化爲「一元」的水。雨露霜雪風雲雷電，都是隨著春夏秋冬自然的韻律而變化。如能照常順時，不脫自然的韻律，風調雨順，人可得到幸福；反之，反常違時，如狂風暴雨，夏降霜雪，脫出了自然的韻律，便要降下災禍。使人驚慌畏懼。由此可知，自然現象必須循著一元的韻律而變化，對於一切生物才有利而無害。否則四時失序，風雨不調，就「凶多吉少」了。

第四章就「人」的生理構造、生死壽命、思想行爲、性情天才、能力智慧等，來闡明「一元」的重要性。人的頭面、四肢、耳目口鼻、五臟六腑，不但完全無缺，並且大小肥瘦，調和相稱，才是一元諧和完美的生理構造，如果生得「口大鼻子歪」，那就破壞了「一元」，雖是完全，但不美了。

人的思想的類型不一，有正常的，有變態的，有純正的，有邪惡的。「正常」的就是「一貫」的，「統一」的，「一元」的。「變態」的就是「矛盾」的，「雜亂」的，「非一元」的。人的思想，不但要「正常」的，「純正」的，並還必須是「一貫」的，一貫的思想才是「統一」的，「一元」的。

人的行爲與思想是有密切的關係的，除無意識的動作外，有某種行爲必然有某種思想。行爲與思想同樣有道德的不道德的。凡是與純正的思想一致的行爲，就是「道德」的行爲；凡是與邪惡的思想一致的行爲，就是「不道德」的行爲，與思想一致的行爲是諧和的「一元」的行爲；與思想不一致的行爲是矛盾的「非一元」的行爲。

人必須生理沒有缺陷，天性善良，思想純正，情緒穩定，智能卓越，智慧高超，才是完美的「一元」的人。

第五章「國家」，因爲國是一群實在的人建立的，所以我把「國」放在「人」的後面。除遊牧民族逐水草生活之外，每一個人都需要國家的保護才能生存。國家之建立，必須有固定的領土、實在的人群和主權的組織，三者缺一不可。國土之大小本來沒有一定的限度，不過從歷史上觀察，國土太小，易受大國兼併，國土太大，則推行政令，鞭長莫及，容易造成割據分裂的局面。國土之大小，一方面要與國民人數之多寡成正比，一方面要與鄰國維持均衡。國民之結合，血統關係與宗教信仰是否一元，無關重要。最要緊的是語言文字，風俗習慣，和思想、觀念、意識、感情必須是一元的。否則這個國民團體必不能持續長久。語言文字，風俗習慣，生活方式，我名之曰「國民的形式」，思想、觀念、意識、感情，我名之曰「國民的精神」。如國民的精神條件不能一元化，卽使是血統相同的一民族結合，那麼也必然要演出分崩離析，鬥爭紛擾的悲劇。

凡是一個獨立的國家，必須要有主權，因此自古以來立國者莫不以爭取主權，保護主權爲重。操國家主權、行使主權者，爲一國最高的行政機關——政府。政府一切政策和法令，必須以全民利益爲前提。執行法令要貫澈，以樹立政府的威信。政府如眞能爲人民謀福利，並保護主權和領土之完整，破除政府與人民之矛盾，便可成爲和諧的「一元」的國家。

第六章「家庭」，家庭是以家爲本位的社會制度的基本組織，必須有一種合理近情的規律，才能維繫這個組織的存在。何謂家庭規律呢？禮運上說：「父慈、子孝、兄良、弟悌、夫義、婦聽、長惠、幼順」，此八者就是家庭中的規律。

構成家庭的分子有：親子、夫婦、兄弟姊妹等，必須家庭中的各個分子都能遵守家庭的規律，永遠保持相互的適當的關係。則家庭才能成爲和諧的「一元」的家庭。家庭各個分子好像一盤散沙，愛好像士敏土，散沙之中加入士敏土，可以變成「一元」的堅固的物；各個分子如一面受禮的規範，一面有愛的膠著，才可以產生「一元」的溫馨和樂的家。因此還可以說夫婦、親子、兄弟姊妹的感情必須一元化，則家庭組織才能維繫，而且才有維繫的意義與價値。

第七章「風俗習慣」，漢書上說：「凡民函五常之性，而其剛柔緩急音聲不同，繫水土之風氣，故謂之風；好惡取捨，動靜無常，隨君上之情慾，故謂之俗。」我認爲風俗是某種社會規約的持續，習慣是某種生活方式的持續。風俗習慣是有時間性與空間性的。在古時有某種風俗習慣，現在不一定還能保持。例如我國上古時期「母系制度」，「搶婚」，「茹毛飲血」，「構木爲巢」及中古時期「彈棋」，「投壺」，「貼花黃」的風俗習慣，早已成了歷史陳跡，全不存在了。

甲地的人有某種風俗習慣，乙地的人不一定有。例如我國北方人愛吃麵，南方人愛吃米。中國和日本人吃飯用筷子，歐美人吃飯用刀叉。印度人死了擲屍體於聖水河內，非洲人死了宰割屍體給親人充饑。張三有某種習慣，李四不一定有。如晉時阮孚愛玩屐，祖約愛玩錢；唐朝盧仝好吃茶，李白好飲酒；宋朝歐陽修愛玩硯，米元章有潔癖。這種種習慣，都不是普遍全有的。

風俗習慣有厚薄優劣，例如「道不拾遺」、「行人讓畔」、「敬老慈幼」、「扶傾濟弱」，多數人都是如此，便是敦厚的優良的風俗。反之，一個社會的人，多數「強凌弱，衆暴寡」，不仁不義，無禮無信，便是澆薄的不良的風俗。又如愛遵守時間，愛運動習勞，愛讀書寫字畫畫彈琴蒔花種竹，這都是良好的習慣。反之，愛抽煙吃酒，賭博打鬥，尋花問柳，這都是壞習慣。國家風俗淳美則可以長久，人民習慣優良則可以健康。

風俗習慣是膠著人類感情的一種力量，想使國民與國家發生密切的關係，最好使全國人民都有共同的優良的風俗習慣。如果風俗習慣是優良的，一元的，卽如民族不同，也能相處無猜，結爲一個諧和體。

第八章「語言文字」，世界各種民族，多數都有自已的語言文字。語言文字在民族文化中，是最重要的一環。具有凝聚民族精神，溝通民族感情最大的力量。我國在戰國時代，七雄分立，各自爲政，西周所定的那套一元的制度全都破壞，不能統一。因而「言語異聲，文字異形」，演成雜亂無章的局面。秦始皇統一中國之後，接受丞相李斯的建議，使天下「車同軌，書同文」，一切文物制度仍歸於「一元化」。我國民族、語言那樣複雜，若不是秦始皇統一中國文字，恐怕從西漢至今，要分裂爲多少國家了。秦始皇是以武力統一中國文字，但在現代想使一個國家，一種民族的語言文字一元化，不必使用武力，而用教育的力量同樣可以奏效。在大同世界未實現以前，一個獨立的國家的語言文字也必須一元化。否則國民卽不易團結，政府政令也不易推行。如果把民族文化比就一個人，那麼語言文字就是文化的身軀，如某種文化，沒有一元的語言文字，那就如同身軀被支解了。

第九章「道德」，何謂道德？道德就是自然與人生爲充分實現其本身或人群的生存自由所形成的各種善的觀念及善的行爲之規律。道德可分爲二類：一曰「自然道德」，二曰「社會道德」。自然道德就是老子所說的「天道」。社會道德就是維繫社會各個分子的關係及社會秩序的規律。這種規律是一方面依照「天道」最高的原則，一方面因應社會環境之需要而構成的，故也可以叫做「人道」。人道與天道必須融爲「一元」，則社會道德才能合乎人性，否則卽不是完美的社會道德。

道德與法律的功用有什麼不同呢？論語上孔子說：「道之以政，齊之以刑，民免而無恥；道之以德，齊之以禮，有恥且格。」意思說國家用法律規範人民，用刑罰制裁人民，充其量也不過使人民表面上不犯法，但不能使人民自覺，以犯法爲恥。如果以道德感化人民，以禮教規範人民，不但使人民以犯法爲恥，而且還能成爲標準的完人呢。因爲孔子的政治主張是以禮樂治天下，所以他特別強調道德與禮教的功用。我認爲道德的功用使人能覺，是積極的，治本的，持久的；法律的功用使人知畏，是消極的，治標的，暫時的。

道德是法律的根本，必須群體中的分子都受過道德的薰陶，而具有道德觀念，能遵守法律，則法律才能生效，群體的秩序才能維繫。因爲守法也是道德的表現。法律之制訂必須以道德規律爲藍本，如果法律與道德規律不一致，成一種「鑿枘不入」的現象，則群體中的分子卽無法遵守。而法律卽成爲具文。因此，我認爲道德與法律，無論在形式方面，或精神方面，必須融爲「一元」，對於維繫群體的秩序才能收到最大的效果。

無論任何社會群體，必須確定一種明確合理有系統的「一元化」的道德規律，以爲群體各個分子思想、言論和行爲的準繩。我國自孔子以來，國民大都遵守儒家的道德規律，故儒家的道德規律對於社會人心影響深而且廣。儒家的道德規律有仁義禮智信五常和孝悌忠信禮義廉恥八德。五常與八德，必須發於「誠」，歸於「義」，發於「誠」則不僞，歸於「義」才能合於不偏不易的「中庸」之道。五常、八德與「誠」，與「義」融爲「一元」，才能成爲融通圓滿的道德規律。

群體分子的思想、言論和行爲，與完滿的道德規律融爲「一元」沒有矛盾者，便是最健全的國民。

第十章「宗教」，宗教是有教主，有規儀，有信條，富於啓示性、神祕性的社會團體。世界各種宗教，儘管信條、規儀及傳教的方式不同，但其救人救世大慈大悲的精神則是相同的、「一元」的。現在各種宗教團體由於門戶之見太深，常常發生嫉忌、傾軋、誣衊、衝突的現象，這就是因爲對於宗教的遠大的目的和基本的精神沒有深刻的認識之所致。宗教如果沒有兼容並包的雅量，那就失去宗教的精神和價值了。

現在全地球人類，都在遭遇空前未有的浩刼。世界各種宗教團體，儘管信條、規儀與傳教的方式不同，但在感情上必須融通和諧，結爲「一元」，大家發揮教主的大慈大悲的精神，齊心協力，負起救人救世的重任。以挽救當前悲慘的刼運。

第十一章「藝術」，本著十一章，我特地把「藝術」放在最後，意在以「變化之中而有諧和」，「多樣之中而有統一」美學原理來統攝宇宙與人生，以闡明宇宙萬有一元之普遍性與重要性，並更進一步證明國家、社會、人類，唯有一元才能統一、協調、和平，達到「天下一家」，「世界大同」的境地。

〔附錄〕新數論之宇宙論

前　言

在此提出這個「數」，既不是算術之數，也不是算命之數，不但不迷信數，並且正要破除對數之迷信。

「數」有實數、虛數、天數、人數、物數、財數：如一、二、三、四、五、六、七、八、九、十、百、千、萬、億、兆，爲實數；如大小、長短、高低、寬窄、多少、輕重、遠近、有限、無限、有窮、無窮爲虛數。日月星辰、山河大地、樹木花草、禽獸蟲魚爲天數；富貴貧賤、吉凶禍福爲人數；物品之豐嗇爲物數；金錢之多少爲財數。

人類在未有文字之前，只有「虛數」之觀念，結繩記事，大事大結，小事小結，只知大小，不識數目。自有文字之創造，始有「實數」之觀念。稱物而知幾斤、幾兩，量物而知幾尺、幾寸，行路而知幾步、幾里。

宇宙萬有，在無生物方面，大者如星球，小者如微塵；在有生物方面，大者如兕象，小者如螻蟻，本來一律平等，無所謂是非、善惡、美醜。惟因人類特賦有理性、智慧與靈感，憑著與外物接觸的經驗，以本身或同類感受利害苦樂之「數」的多少爲標準，把事物分爲何者爲善的，何者爲惡的，何者爲是，何者爲非，何者爲美，何者爲醜，定出種種不同的類型來，於是善惡是非美醜便產生了。

人與人，人與社會，人與國家之關係，不外「施」與「受」。全施而不受者爲聖人，多施而少受者爲君子，少施而多受者爲俗人，不施而多受者爲小人。

然則，施與受由於「數」之不同，其所得的反應也不一。常人皆喜損人之數，而增己之數，故願多受而少施，或只受而不施。

佛經「六度」中之「布施」，分法施、財施、與無畏施三種，我在此再增物施與情施，爲五種。人之喜怒哀樂愛惡六情（見董仲舒白虎通義）之數，莫不受此五施之數的大小而增減。如受人贈金則喜，受人多金則大喜；受人侮辱則怒，受人大辱則更怒。

施與受，有正有不正。不當施，施則傷惠；不當受，受則傷廉。故范叔不辭綈袍之贈，楊震拒受重金之賄。

常人皆願受而不欲施，但不知施與受，利害得失之「數」是相對而非絕對。譬如孔子爲教化世人，栖栖皇皇，席不暇暖，陳蔡之厄時，甚至忍凍受餓。釋迦牟尼佛，爲救度眾生，捨棄王位，風餐露宿，茹苦修道。耶穌爲救世人，被釘死在十字架上。蘇格拉底爲堅持眞理而服毒自盡。文天祥爲保持民族正氣而甘心就戮。岳武穆爲「精忠報國」而爲奸臣所害。以上這些聖賢豪傑，所受物質金錢之數，雖極少極微，但正因如此，始受千秋萬世的人們崇敬、歌頌、膜拜。其精神、道德、人格所受之數，則相反地極多極大，甚至無窮無限。

「數」之大小、多少，原是比較的概念，並不是具體實在的東西。但人卻爲「數」而生，爲「數」而死，爲「數」而喜，爲「數」而怒。「數」是人類的主宰，「數」像神通廣大的魔術師，人正如被魔術師催眠，任「數」作弄、擺佈，完全失去了自由。請看股票市場中的人們，不是從早到晚被「數」魔術師作弄得發瘋發狂嗎？

荀子說：「人生而有欲，欲而不得，則不能無求，求而無度量分界，則不能不爭，爭則亂，亂則窮。」人所爭者究竟是什麼？是爭城嗎？是爭地嗎？是爭子女玉帛嗎？都不是，是爭「數」。人之煩惱，皆由爲「數」患得患失而不已也。故儒與道主寡欲，佛主斷欲，能到斷欲的境界，則對於數之大小、多少、高低、遠近，一切相對的觀念，始能破除。不破除「數」之觀念，則法執、我執即不能破，故「數」之觀念，實爲學佛修道之大障礙。

然而就人生的立場而言，如能對於「數」之觀念，隨時作以合理的調整，把「數」分配運用的得當，則「數」的觀念，還可以爲人生解決許多問題。

一、數為宇宙之因

劉牧易數鈎隱圖敍云：「夫易者，陰陽氣交之謂也。……卦者，聖人設之，觀於象也。象者，形上之應。原其本則形由象生，象由數設。捨其數則無以見四象所由之宗矣。」「象由數設」，卽言宇宙萬象皆由「數」之公式的規範而現形。有數而後有象，有象而後有形，可見「數」爲最根本的宇宙之因。

西元前四四年意大利哲學家畢達哥拉斯（Pythagoreans）使用點湊成三角、正方、長方種種圖形，表現數的形象性。他認爲「數」爲萬物之根本成素或卽質料。萬物乃模仿數或以數爲原型而形成。現在科學家所發明的電腦，無論表現線或面，皆是由點集合而成，也就是由數之公式的規範而成。與畢氏使用點湊成幾何圖形，極爲近似。畢氏在兩千年前卽發明「數」爲宇宙之因，足見他具有超人的智慧。不過，他認爲「數」爲萬物之根本成素，我並不同意他這種觀點。

易繫辭云：「易有太極，是生兩儀。兩儀生四象，四象生八卦，八卦定吉凶，吉凶生大業。」宋周濂溪作太極圖及太極圖說。前段用易「太極生兩儀」之說，後段不用八卦，而用五行，並在太極之前又加無極。似本於道藏中之上方大洞眞元妙經品之太極先天之圖。茲繪太極圖如左：

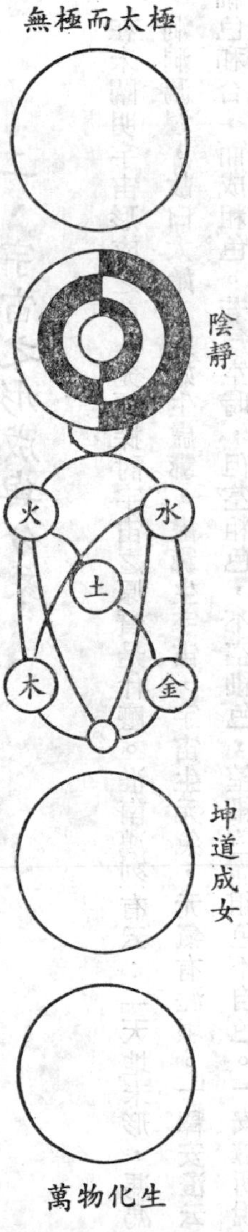

周氏太極圖說云：

「無極而太極，太極動而生陽，動極而靜，靜而生陰。靜極復動。一動一靜，互爲其根。分陰分陽，兩儀立焉。陽變陰合，而生水火木金土，五氣順布，四時行焉。五行一陰一陽也，陰陽一太極也。太極本無極也。……二氣交感，化生萬物。萬物生生，而變化無窮焉。」宋明道學家研究宇宙之成因，多就周氏太極圖說加以推衍。

易是以太極爲宇宙之因，周氏太極圖說，則又以無極爲宇宙之因。

宇宙就時間說，是無限之長；就空間說，是無限之大。時空既是無限，卽無首無尾，無始無終。其現象世界之成住壞空，隨著數之公式的規範，永遠變化不已，循環無端。因此，宇宙只有環節前後之序，而不可能有第一因。

周易太極圖說之「無極」，卽老子所說之無。老子說：「天地萬物生於有，有生於無。」又說：「無名天地之始，有名萬物之母。」王弼注云：「凡有皆始於無，故未形無名之時，則爲萬物之始。」釋道安中觀論疏云：「無在萬化之前，空爲眾形之始。釋法深云：無者何也？壑然成形，而萬物由之而生者也。」向秀莊子注，直謂「無」即是數學上之零。按零在數學上是最小的數，在宇宙是無限，是最大的數，是不可思議的數。零是「眞空妙有」，雖無形無名，但包含宇宙全體物原與潛能。物原與潛能，爲一體之兩面。物原能靜，潛能能動。動極生陽，靜極生陰，於是由零生一，一卽是太極，太極包含陰陽。陰陽交感，則生天地與日月星辰。由日月星辰衍生山河草木，胎卵濕化。再進而演變爲宇宙萬有。萬有爲數是九，九爲極數。任何事物，若發展至一定程度，則卽變而爲其反面。「日中則昃，月盈則食。」故乾卦六爻，以九五爲最善。周易云：「吉凶悔吝者，生乎動者也。」動卽爲數之變化。宇宙間萬事萬物，時時革新，時時變化，也無時無地不受數之公式之規範。

二、宇宙之形成與分象

在未闡明宇宙形成之前，先要探討宇宙之原質是什麼。淮南鴻烈有云：「天地未形，馮馮翼翼，洞洞灟灟，故曰太始。太始生虛霩，虛霩生宇宙，宇宙生元氣，元氣有涯垠。」釋安澄云：「細色和合，而成粗色。若爲空時，但空粗色，不空細色，望細色而粗色不自色。」安澄所說的細色，就是淮南鴻烈所說的「元氣」。與現今科學家所說的原子、電子頗近似。莊子云：「人之生，氣之聚，聚則爲生，散則爲死。」宗密原人論云：「道法自然，生於元氣。元氣生天地，天地生萬物。」張橫渠云：「太虛無形，氣之本體。」又云：「氣之聚散於太虛，猶冰凝釋於水。知太虛卽氣則無無。」他的意思是說：我們所見空若無物之太虛，實非無物，不過氣散未聚而已，無所謂無也。橫渠又云：「一物兩體，氣也。」一氣之中，有陰陽二性，故爲「一物兩體」。因陰陽二性絪縕相盪，始聚而爲萬物。以上諸家雖皆認爲宇宙之原質爲氣，然在思想體系方面，則不及橫渠之思想清晰圓融。

橫渠認爲氣之聚散攻取，皆遵循一定的規律，故物之生有一定的次序。一物之成，有一定的結構組織，此「天序」、「天秩」，卽橫渠所謂之「理」。氣爲物質，理爲公式，此卽所謂「形上之宇宙觀」。橫渠所謂之「理」，亦卽我所說之「數」。宇宙萬有之發生，固各有其發生之理，然而「理」在萬有之中，「數」在萬有之外。「理」爲抽象的概念，「數」乃具體的公式，二者是有分別的。

關於宇宙之分象，宋邵康節運用他妙悟神奇的思辨，建立一套自成體系的說法。邵著皇極經世有云：「太極既分，兩儀立矣。陽下交於陰，陰上交於陽，四象生矣。陽交於陰，陰交於陽，而生天之四象；剛交於柔，柔交於剛，而生地之四象，於是八卦成矣。八卦相錯，然後萬物生焉。是故一分爲二，二分爲四，四分爲八，八分爲十六，十六分爲三十二，三十二分爲六十四。

故曰：分陰分陽，迭用剛柔，易六位而成章也。」由此可知，不但宇宙之因爲數，而宇宙之分象天地日月星辰山河水火等，亦莫不是數之公式所規範。

康節並爲具體的世界作一年譜。用元會運世，計算時間。皇極經世又云：「日經天之元，月經天之會，星經天之運，辰經天之世。」他以計算時間之元會運世當天之日月星辰。元當日，會當月，十二會爲一元。運當星，三十運爲一會，十二世爲一運。依康節所推測，在此會之第十五運「閉物」而萬物皆絕。他推測宇宙的方法與結果，雖不一定很正確，但吾人卻不能不佩服他運用數字之卓越的智慧。康節認爲現在的天地毀滅了，此後將有天地照此公式，重新開闢，其中人物重新生長，重新壞滅。所謂「窮則變，變則通。」如是循環，以至無窮。此種觀點與唐宗密大師原人論所謂：「界則成住壞空，空而復成。刼刼生生，輪迴不絕，無終無始，如汲井輪」之說相同。道家認爲宇宙萬有之成毀是「氣數」，佛家不曰「氣數」，而曰「因緣」。其實氣數即是因緣，只是術語不同而已。宇宙之分象，正由於「氣數」之不等，才產生不同的森羅萬象。唯識之所謂：「變異而熟，異時而熟，異類而熟」均由於因緣（氣數）之不同，始有不同之結果。

原子論者路西帕斯（Leucippus）認爲所謂生滅交替（質的變化）或增減等自然變化，皆是由於原子所具形態、次序、姿勢與大小的差異性而形成的。原子與空虛的區別，乃在前者的充實性或不可入性之兩者的對立。因此最穩原子在周圍的空虛之中隨處亂撞，任意朝向四方活動，乃導致原子與原子的碰撞衝突，更引起了一大漩渦，終於產生地水火風的四元。路氏並認爲一切運動的產生皆依必然的趨勢，絕無偶然。路氏所謂原子之碰撞，也就是太極之陰陽的衝突。他認為一切運動皆屬必然，而非偶然，我也肯定這種近乎宿命論的說法。因為宇宙萬象，皆依「數」之公式的規範而運動。易雖曰「變動不居」，而其實「數」之公式並未改變。一加二是三，誰能否認其必然性？

結論

宇宙是時間和空間的綜合體，組織它的成分雖多，其被組織而為有機體只是一個。宇宙間無數無量的星球，除恒星外，全是循著一定的軌道運動的。不但秩然有序而不亂，並且系焉相聯而不墜，所以它是有機體。至於解答宇宙本質的問題，赫克爾的宇宙之謎，生命之玄中說的最為具體。他認為世界的本體，是循物質和勢力的保存律而次第發生的。始為物質，繼為勢力，終為精神。精神和物質，長相附麗，而不能分離。

比較更具體的說法還有安那薩哥拉斯(Anaxagoras)的宇宙說，和德謨頡利圖斯(Democritus)的原子論。安氏認為天地萬物是由細微的原子構成的，原子不但無限，而且性質也各異。這無限而相異的原子所以能夠結合而成萬物，是由於宇宙間有一所謂「靈智」的存在，給這原子以活動力的原故。德氏認為萬有本源之原子，是有實質之不可分之體，是屬常住不變的。宇宙萬有無論是精神的，物質的，都是由原子構成的。眼見一切好像生滅的東西，不過是原子的分解、結合而已。精神和物質雖是很少類似之點，但也是由極細微而易於運動的原子所構成。二氏雖皆言之成理，但我卻認爲精神卽物能的表現，二者是一種東西，不應分開。安氏所謂「靈智」，也是物能。物能與物質乃是宇宙一體的兩面。易言之，宇宙萬有全是由物質與物能和合而成的。無物卽不能成其體，無能則不能顯其用。然而物體之大小、物能之強弱，則是「數」之公式的規範。

人之研究宇宙，明了宇宙的眞象，有何意義？我的答案有三：一、明了宇宙無限之大，足以開擴心量，包容一切。二、明了宇宙爲原子所構成，萬有皆爲親眷、手足，應作平等觀，充分發揮愛人濟物之精神。三、明了宇宙不但是一大諧和體，並且還是有機體。無論星際碰撞、國際戰爭、人際仇恨，皆對於天序、天秩、與天和，而有莫大的傷害。應互助合作，和平共存，以求避免遭遇同歸於盡的刼運。

後附宇宙生滅圖

宇宙生滅圖

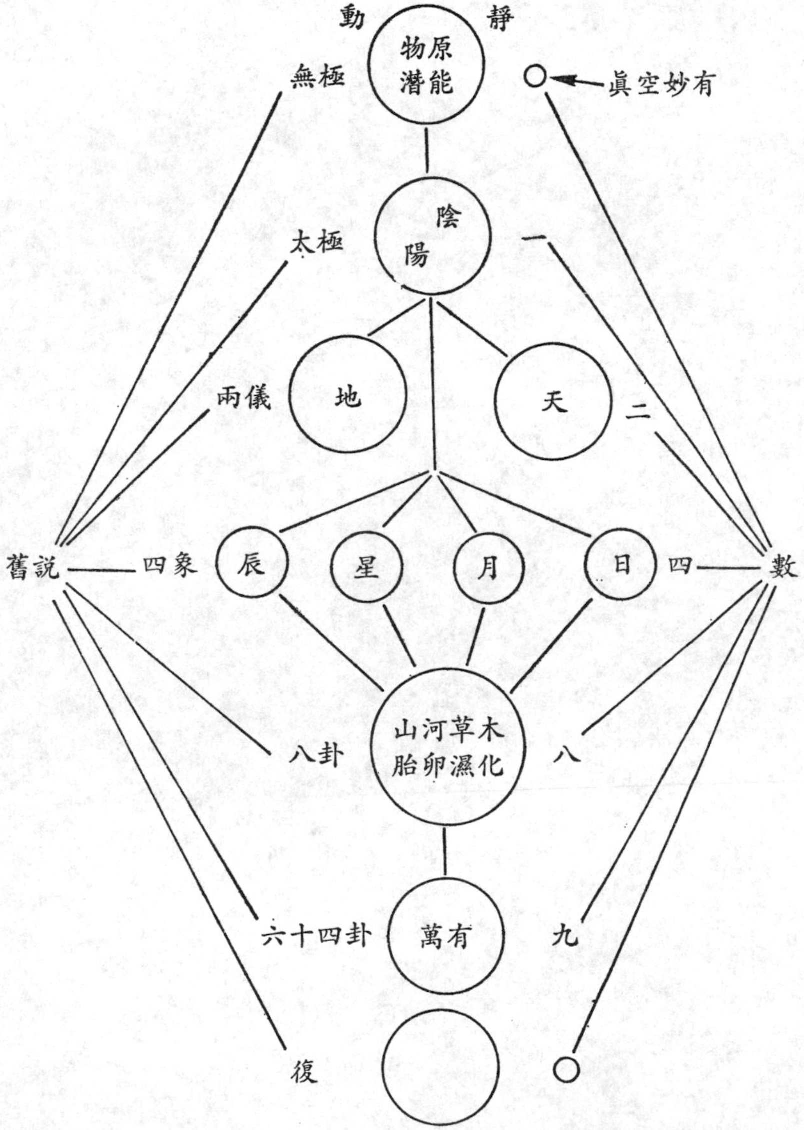

動
靜
物原
潛能
無極
眞空妙有
陰
陽
太極
一
地
天
兩儀
二
舊說
四象
辰
星
月
日
四
數
山河草木
胎卵濕化
八卦
八
六十四卦
萬有
九
復

滄海叢刊書目㈠

國學類

中國學術思想史論叢㈠～㈧	錢穆 著
現代中國學術論衡	錢穆 著
兩漢經學今古文平義	錢穆 著
宋代理學三書隨劄	錢穆 著
論語體認	姚式川 著
西漢經學源流	王葆玹 著
文字聲韻論叢	陳新雄 著
楚辭綜論	徐志嘯 著

哲學類

國父道德言論類輯	陳立夫 著
文化哲學講錄㈠～㈤	鄔昆如 著
哲學與思想	王曉波 著
內心悅樂之源泉	吳經熊 著
知識、理性與生命	孫寶琛 著
語言哲學	劉福增 著
哲學演講錄	吳怡 著
後設倫理學之基本問題	黃慧英 著
日本近代哲學思想史	江日新 譯
比較哲學與文化㈠㈡	吳森 著
從西方哲學到禪佛教 —— 哲學與宗教一集	傅偉勳 著
批判的繼承與創造的發展 —— 哲學與宗教二集	傅偉勳 著
「文化中國」與中國文化 —— 哲學與宗教三集	傅偉勳 著
從創造的詮釋學到大乘佛學 —— 哲學與宗教四集	傅偉勳 著
中國哲學與懷德海	東海大學哲學研究所主編
人生十論	錢穆 著
湖上閒思錄	錢穆 著
晚學盲言（上）（下）	錢穆 著
愛的哲學	蘇昌美 著
是與非	張身華 譯
邁向未來的哲學思考	項退結 著
逍遙的莊子	吳怡 著

莊子新注（內篇）	陳冠學 著
莊子的生命哲學	葉海煙 著
墨子的哲學方法	鍾友聯 著
韓非子析論	謝雲飛 著
韓非子的哲學	王邦雄 著
法家哲學	姚蒸民 著
中國法家哲學	王讚源 著
二程學管見	張永儁 著
王陽明 —— 中國十六世紀的唯心主義哲學家	張君勱著、江日新譯
王船山人性史哲學之研究	林安梧 著
西洋百位哲學家	鄔昆如 著
西洋哲學十二講	鄔昆如 著
希臘哲學趣談	鄔昆如 著
中世哲學趣談	鄔昆如 著
近代哲學趣談	鄔昆如 著
現代哲學趣談	鄔昆如 著
現代哲學述評㈠	傅佩榮編譯
中國十九世紀思想史（上）（下）	韋政通 著
存有・意識與實踐 —— 熊十力體用哲學之詮釋與重建	林安梧 著
先秦諸子論叢	唐端正 著
先秦諸子論叢（續編）	唐端正 著
周易與儒道墨	張立文 著
孔學漫談	余家菊 著
中國近代新學的展開	張立文 著
哲學與思想 —— 胡秋原選集第二卷	胡秋原 著
從哲學的觀點看	關子尹 著
中國死亡智慧	鄭曉江 著
道德之關懷	黃慧英 著

宗教類

天人之際	李杏邨 著
佛學研究	周中一 著
佛學思想新論	楊惠南 著
現代佛學原理	鄭金德 著

滄海叢刊書目㈠

國學類

中國學術思想史論叢㈠～㈧	錢　穆著
現代中國學術論衡	錢　穆著
兩漢經學今古文平義	錢　穆著
宋代理學三書隨劄	錢　穆著
論語體認	姚式川著
西漢經學源流	王葆玹著
文字聲韻論叢	陳新雄著
楚辭綜論	徐志嘯著

哲學類

國父道德言論類輯	陳立夫著
文化哲學講錄㈠～㈤	鄔昆如著
哲學與思想	王曉波著
內心悅樂之源泉	吳經熊著
知識、理性與生命	孫寶琛著
語言哲學	劉福增著
哲學演講錄	吳　怡著
後設倫理學之基本問題	黃慧英著
日本近代哲學思想史	江日新譯
比較哲學與文化㈠㈡	吳　森著
從西方哲學到禪佛教 —— 哲學與宗教一集	傅偉勳著
批判的繼承與創造的發展 —— 哲學與宗教二集	傅偉勳著
「文化中國」與中國文化 —— 哲學與宗教三集	傅偉勳著
從創造的詮釋學到大乘佛學 —— 哲學與宗教四集	傅偉勳著
中國哲學與懷德海	東海大學哲學研究所主編
人生十論	錢　穆著
湖上閒思錄	錢　穆著
晚學盲言（上)(下)	錢　穆著
愛的哲學	蘇昌美著
是與非	張身華譯
邁向未來的哲學思考	項退結著
逍遙的莊子	吳　怡著

莊子新注（內篇） 陳冠學 著
莊子的生命哲學 葉海煙 著
墨子的哲學方法 鍾友聯 著
韓非子析論 謝雲飛 著
韓非子的哲學 王邦雄 著
法家哲學 姚蒸民 著
中國法家哲學 王讚源 著
二程學管見 張永儁 著
王陽明——中國十六世紀的唯心主義哲學家 張君勱著、江日新譯
王船山人性史哲學之研究 林安梧 著
西洋百位哲學家 鄔昆如 著
西洋哲學十二講 鄔昆如 著
希臘哲學趣談 鄔昆如 著
中世哲學趣談 鄔昆如 著
近代哲學趣談 鄔昆如 著
現代哲學趣談 鄔昆如 著
現代哲學述評(一) 傅佩榮編譯
中國十九世紀思想史（上)(下） 韋政通 著
存有・意識與實踐——熊十力體用哲學之詮釋與重建 林安梧 著
先秦諸子論叢 唐端正 著
先秦諸子論叢（續編） 唐端正 著
周易與儒道墨 張立文 著
孔學漫談 余家菊 著
中國近代新學的展開 張立文 著
哲學與思想——胡秋原選集第二卷 胡秋原 著
從哲學的觀點看 關子尹 著
中國死亡智慧 鄭曉江 著
道德之關懷 黃慧英 著

宗教類

天人之際 李杏邨 著
佛學研究 周中一 著
佛學思想新論 楊惠南 著
現代佛學原理 鄭金德 著

絕對與圓融 —— 佛教思想論集	霍韜晦 著
佛學研究指南	關世謙 譯
當代學人談佛教	楊惠南 編著
從傳統到現代 —— 佛教倫理與現代社會	傅偉勳 主編
簡明佛學概論	于凌波 著
修多羅頌歌	陳慧劍 譯註
禪話	周中一 著
佛家哲理通析	陳沛然 著
唯識三論今詮	于凌波 著

自然科學類

異時空裡的知識追逐 —— 科學史與科學哲學論文集	傅大為 著

應用科學類

壽而康講座	胡佩鏘 著

社會科學類

中國古代游藝史 —— 樂舞百戲與社會生活之研究	李建民 著
憲法論叢	鄭彥棻 著
憲法論集	林紀東 著
國家論	薩孟武 譯
中國歷代政治得失	錢穆 著
先秦政治思想史	梁啓超原著、賈馥茗標點
當代中國與民主	周陽山 著
釣魚政治學	鄭赤琰 著
政治與文化	吳俊才 著
世界局勢與中國文化	錢穆 著
海峽兩岸社會之比較	蔡文輝 著
印度文化十八篇	糜文開 著
美國的公民教育	陳光輝 譯
美國社會與美國華僑	蔡文輝 著
文化與教育	錢穆 著
開放社會的教育	葉學志 著
大眾傳播的挑戰	石永貴 著

傳播研究補白	彭家發 著
「時代」的經驗	汪　琪、彭家發 著
書法心理學	高尚仁 著
清代科舉	劉兆璸 著
排外與中國政治	廖光生 著
中國文化路向問題的新檢討	勞思光 著
立足臺灣，關懷大陸	韋政通 著
開放的多元化社會	楊國樞 著
臺灣人口與社會發展	李文朗 著
財經文存	王作榮 著
財經時論	楊道淮 著
宗教與社會	宋光宇 著

史地類

古史地理論叢	錢　穆 著
歷史與文化論叢	錢　穆 著
中國史學發微	錢　穆 著
中國歷史研究法	錢　穆 著
中國歷史精神	錢　穆 著
憂患與史學	杜維運 著
與西方史家論中國史學	杜維運 著
清代史學與史家	杜維運 著
中西古代史學比較	杜維運 著
歷史與人物	吳相湘 著
共產國際與中國革命	郭恒鈺 著
抗日戰史論集	劉鳳翰 著
盧溝橋事變	李雲漢 著
歷史講演集	張玉法 著
老臺灣	陳冠學 著
臺灣史與臺灣人	王曉波 著
變調的馬賽曲	蔡百銓 譯
黃　帝	錢　穆 著
孔子傳	錢　穆 著
宋儒風範	董金裕 著
增訂弘一大師年譜	林子青 著
精忠岳飛傳	李　安 著

張公難先之生平	李飛鵬 著
唐玄奘三藏傳史彙編	釋光中 編
一顆永不殞落的巨星	釋光中 著
新亞遺鐸	錢　穆 著
困勉強狷八十年	陶百川 著
困強回憶又十年	陶百川 著
我的創造·倡建與服務	陳立夫 著
我生之旅	方　治 著

語文類

文學與音律	謝雲飛 著
中國文字學	潘重規 著
中國聲韻學	潘重規、陳紹棠 著
詩經研讀指導	裴普賢 著
莊子及其文學	黃錦鋐 著
離騷九歌九章淺釋	繆天華 著
陶淵明評論	李辰冬 著
鍾嶸詩歌美學	羅立乾 著
杜甫作品繫年	李辰冬 著
唐宋詩詞選 —— 詩選之部	巴壺天 編
唐宋詩詞選 —— 詞選之部	巴壺天 編
清眞詞研究	王支洪 著
苕華詞與人間詞話述評	王宗樂 著
元曲六大家	應裕康、王忠林 著
四說論叢	羅　盤 著
紅樓夢的文學價値	羅德湛 著
紅樓夢與中華文化	周汝昌 著
紅樓夢研究	王關仕 著
中國文學論叢	錢　穆 著
牛李黨爭與唐代文學	傅錫壬 著
迦陵談詩二集	葉嘉瑩 著
西洋兒童文學史	葉詠琍 著
一九八四	George Orwell原著、劉紹銘 譯
文學原理	趙滋蕃 著
文學新論	李辰冬 著
分析文學	陳啓佑 著

解讀現代・後現代——文化空間與生活空間的思索	葉維廉 著
學林尋幽——見南山居論學集	黃慶萱 著
中西文學關係研究	王潤華 著
魯迅小說新論	王潤華 著
比較文學的墾拓在臺灣	古添洪、陳慧樺主編
從比較神話到文學	古添洪、陳慧樺主編
神話即文學	陳炳良等譯
現代文學評論	亞菁 著
現代散文新風貌	楊昌年 著
現代散文欣賞	鄭明娳 著
實用文纂	姜超嶽 著
增訂江皋集	吳俊升 著
孟武自選文集	薩孟武 著
藍天白雲集	梁容若 著
野草詞	韋瀚章 著
野草詞總集	韋瀚章 著
李韶歌詞集	李韶 著
石頭的研究	戴天 著
留不住的航渡	葉維廉 著
三十年詩	葉維廉 著
寫作是藝術	張秀亞 著
讀書與生活	琦君 著
文開隨筆	糜文開 著
印度文學歷代名著選（上)(下)	糜文開編譯
城市筆記	也斯 著
歐羅巴的蘆笛	葉維廉 著
移向成熟的年齡——1987～1992詩	葉維廉 著
一個中國的海	葉維廉 著
尋索：藝術與人生	葉維廉 著
山外有山	李英豪 著
知識之劍	陳鼎環 著
還鄉夢的幻滅	賴景瑚 著
葫蘆・再見	鄭明娳 著
大地之歌	大地詩社 編
往日旋律	幼柏 著

鼓瑟集	幼　柏　著
耕心散文集	耕　心　著
女兵自傳	謝冰瑩　著
抗戰日記	謝冰瑩　著
給青年朋友的信(上)(下)	謝冰瑩　著
冰瑩書柬	謝冰瑩　著
我在日本	謝冰瑩　著
大漢心聲	張起鈞　著
人生小語(一)～(六)	何秀煌　著
記憶裏有一個小窗	何秀煌　著
回首叫雲飛起	羊令野　著
康莊有待	向　陽　著
湍流偶拾	繆天華　著
文學之旅	蕭傳文　著
文學邊緣	周玉山　著
文學徘徊	周玉山　著
種子落地	葉海煙　著
向未來交卷	葉海煙　著
不拿耳朶當眼睛	王讚源　著
古厝懷思	張文貫　著
材與不材之間	王邦雄　著
忘機隨筆 —— 卷一・卷二	王覺源　著
詩情畫意 —— 明代題畫詩的詩畫對應內涵	鄭文惠　著
文學與政治之間 —— 魯迅・新月・文學史	王宏志　著
洛夫與中國現代詩	費　勇　著
詩與禪	孫昌武　著
禪境與詩情	李杏邨　著
文學與史地	任遵時　著
老舍小說新論	王潤華　著

美術類

音樂人生	黃友棣　著
樂圃長春	黃友棣　著
樂苑春回	黃友棣　著
樂風泱泱	黃友棣　著
樂境花開	黃友棣　著

樂浦珠還	黃友棣 著
音樂伴我遊	趙琴 著
談音論樂	林聲翕 著
戲劇編寫法	方寸 著
戲劇藝術之發展及其原理	趙如琳譯著
與當代藝術家的對話	葉維廉 著
藝術的興味	吳道文 著
根源之美	莊申 著
扇子與中國文化	莊申 著
水彩技巧與創作	劉其偉 著
繪畫隨筆	陳景容 著
素描的技法	陳景容 著
建築鋼屋架結構設計	王萬雄 著
建築基本畫	陳榮美、楊麗黛 著
中國的建築藝術	張紹載 著
室內環境設計	李琬琬 著
雕塑技法	何恆雄 著
生命的倒影	侯淑姿 著
文物之美 — 與專業攝影技術	林傑人 著
從白紙到白銀	莊申 著

滄海美術叢書

儺史 — 中國儺文化概論	林河 著
挫萬物於筆端 — 藝術史與藝術批評文集	郭繼生 著
貓。蝶。圖 — 黃智溶談藝錄	黃智溶 著
中國美術年表	曾堉 著
美的抗爭 — 高爾泰文選之一	高爾泰 著
萬曆帝后的衣櫥 — 明定陵絲織集錦	王岩 編撰